KAWADE
夢文庫

大阪人も驚く
大阪
超マニアック案内

歯黒猛夫

河出書房新社

たずね歩いて、大阪のほんとうの姿を実感する●はじめに

最近、大阪が騒がしい。住んで働いている身として、すごく感じる。原因としては、外国人観光客に人気があり、2025（令和7）年に万博が開かれ、梅田をはじめとする再開発が次々に計画されているということもあるのだろう。ただ、それだけではないような気もする。

日本の中心は東京だ。しかし、東京に目を向けてさえいれば日本の全体像がわかるというものでもない。

「東京だけが日本じゃない」「どちらかというと東京は特殊な町」

そんな「東京アンチ」な考えも、大阪を騒がしくしている原因だといえよう。では、一極集中もはなはだしい東京に対抗できる町はどこなのか。それは京都かもしれないし、大阪かもしれない。ならば、大阪という町はどんなところなのか？

そんな疑問を解き明かすべく、府内のあちこちを実際に歩いてみる。その結果、新しく気付いたところや改めて認識した大阪の特徴を、テーマごとにまとめたのが本書である。

今、大阪を訪れる観光客でにぎわっているところといえば、道頓堀《どうとんぼり》に新世界、大

阪城にユニバーサルスタジオジャパン、梅田界隈《かいわい》といったところか。ただ、多くの観光客が目にするのは表の顔でしかない。言い方は悪いが「外面《そとづら》」だ。大阪の外面は、有名なタウン情報誌やガイドブックに任せておけばいい。

大阪在住60年以上のライターが、実際に足を運んで本当の大阪の顔を探す。新しい町、歴史のある町、整えられた町、雑然とした町などをめぐってみる。すると、今まで知らなかった町の様子が見えてくる。これまでの認識がくつがえされる発見もある。それを繰り返すことで、ようやく「町」を実感することができる。

60年も住んでいてそんな思いを抱くのだから、出張や観光で訪れる人は、なかなか大阪の実像に触れることはできないだろう。

もちろん、いいところもあるし悪いところもある。それらすべてをひっくるめた大阪を、町の成り立ちも含めて紹介した。紙幅《しふく》の都合上、大阪の全部を網羅《もうら》することはできない。それでも、すこしでも「大阪らしさ」や「大阪の実像」を実感していただければありがたく思う。

歯黒猛夫

大阪人も驚く 大阪 超マニアック案内 目次

1章 誰もが知る人気観光エリアにまさかのウラの顔あり！

2章　混沌と猥雑が交差する大阪の濃いところを歩く！

3章　意外な歴史逸話を秘めた穴場スポットの愉しみ！

4章　華やかな近代都市化の紆余曲折を発見する！

5章　交通の要地から大阪ならではの魅力を探る！

大阪府 MAP

京都府
能勢町《のせちょう》
豊能町《とよのちょう》
島本町《しまもとちょう》
高槻市《たかつきし》
P134
池田市《いけだし》
箕面市《みのおし》
P216
茨木市《いばらきし》
枚方市《ひらかたし》
P195
兵庫県
豊中市《とよなかし》
P160
吹田市《すいたし》
P160
摂津市《せっつし》
寝屋川市《ねやがわし》
交野市《かたのし》
門真市《かどまし》
守口市《もりぐちし》
P195
大東市《だいとうし》
四条畷市《しじょうなわてし》
東大阪市《ひがしおおさかし》
大阪市《おおさかし》
八尾市《やおし》
P98
奈良県
松原市《まつばらし》
柏原市《かしわらし》
藤井寺市《ふじいでらし》
P92
高石市《たかいしし》
P166
堺市《さかいし》
P92、121、166
羽曳野市《はびきのし》P92
泉大津市《いずみおおつし》
P166
太子町《たいしちょう》
忠岡町《ただおかちょう》
大阪狭山市《おおさかさやまし》
P134
富田林市《とんだばやしし》
河南町《かなんちょう》
泉佐野市《いずみさのし》
貝塚市《かいづかし》
田尻町《たじりちょう》
泉南市《せんなんし》
岸和田市《きしわだし》
P134
和泉市《いずみし》
千早赤阪村《ちはやあかさかむら》
河内長野市《かわちながのし》
P190
熊取町《くまとりちょう》
田尻町《たじりちょう》
P179
泉南市《せんなんし》
P179
阪南市《はんなんし》
和歌山県
岬町《みさきちょう》
泉佐野市《いずみさのし》
P179

大阪市

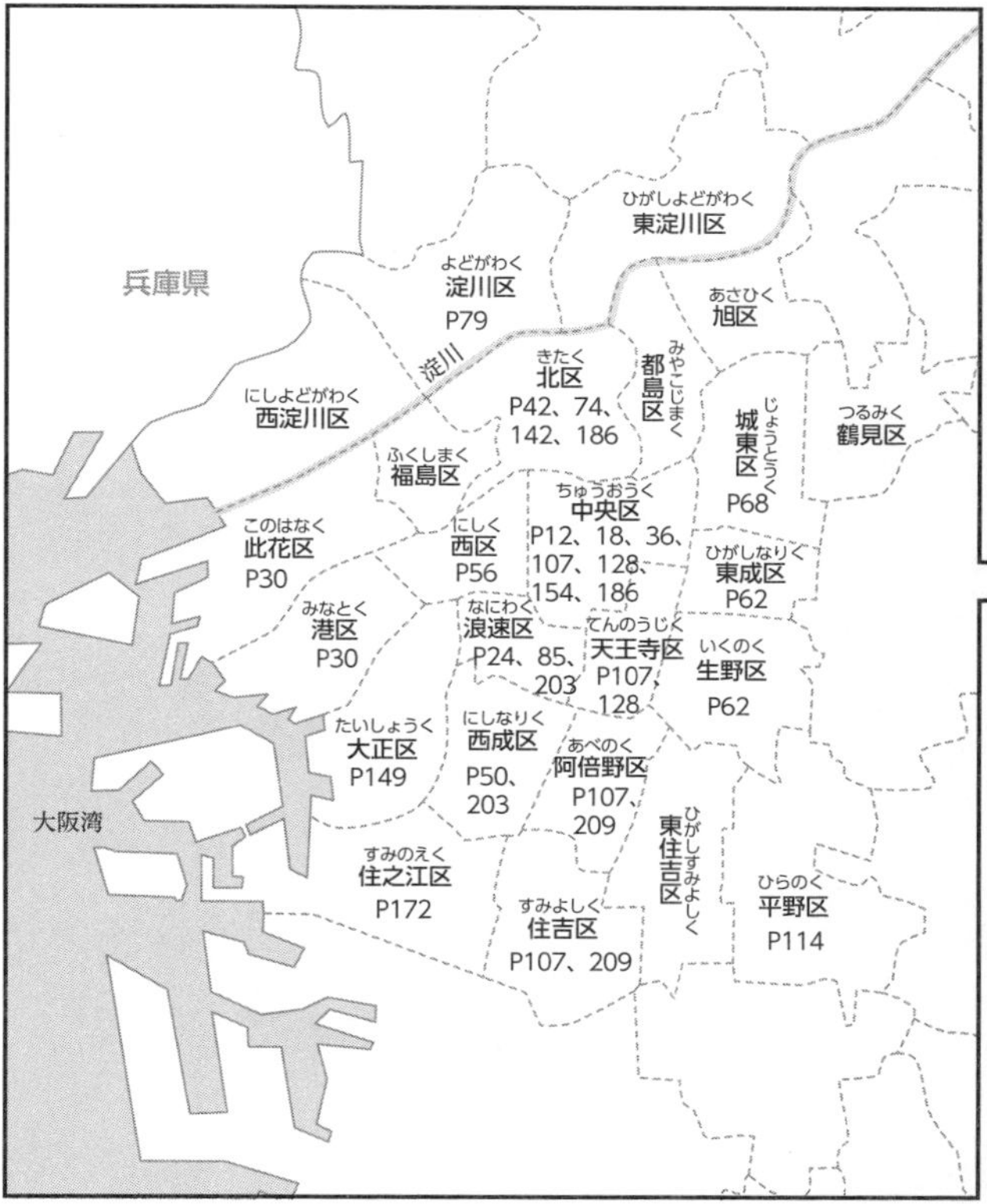

兵庫県
淀川区《よどがわく》
P79
東淀川区《ひがしよどがわく》
旭区《あさひく》
淀川
北区《きたく》
P42、74、142、186
都島区《みやこじまく》
西淀川区《にしよどがわく》
城東区《じょうとうく》
P68
鶴見区《つるみく》
福島区《ふくしまく》
中央区《ちゅうおうく》
P12、18、36、107、128、154、186
此花区《このはなく》
P30
西区《にしく》
P56
東成区《ひがしなりく》
P62
港区《みなとく》
P30
浪速区《なにわく》
P24、85、203
天王寺区《てんのうじく》
P107、128
生野区《いくのく》
P62
大正区《たいしょうく》
P149
西成区《にしなりく》
P50、203
阿倍野区《あべのく》
P107、209
東住吉区《ひがしすみよしく》
大阪湾
住之江区《すみのえく》
P172
住吉区《すみよしく》
P107、209
平野区《ひらのく》
P114

●カバー写真
「人魚の像」ビーンツリーjr／PIXTA
「コリアタウン商店街」onosan／PIXTA
「ジャンジャン横丁」まちゃー／PIXTA
「蜆楽通りの赤提灯」tommy saegusa／PIXTA
その他、著者撮影

1章　誰もが知る人気観光エリアに
まさかのウラの顔あり！

大阪城——もっともメジャーな観光名所の意外な〝見落とし〟ポイント

●半世紀前の万博のタイムカプセルの行方

数ある大阪の観光名所の中で、トップランクに位置するのが大阪城だ。天守の威風堂々とした姿は大阪のシンボルといっても過言ではなく、近年は外国人観光客の姿が目立つ。そんな人気もあって、大阪城については多くのガイド誌やネットでも紹介し尽くされている。

100トンともいわれる巨石の石垣「大手見附石《おおてみつけいし》」や表面積がおよそ36畳敷（約59・43平方メートル）という「蛸石《たこいし》」、2017（平成29）年に開業した複合商業施設「MIRAIZA OSAKA-JO」などは、もはやおなじみである。

しかし、まだまだ「穴場」といえる場所も少なくない。1つはタイムカプセルだ。1970（昭和45）年、大阪で万国博覧会が開かれた。そのときに目玉となった展示品の1つが、松下館で展示されていたタイムカプセルである。松下電器（現パナソニック）と毎日新聞が企画・製作したタイムカプセルには、当時の新聞や雑誌、レコード、カセットテープ、計器類などが納められた。

では、万博の閉幕後、あのタイムカプセルはどこへいってしまったのか。その場所こそが大阪城の本丸なのだ。

本丸の天守を真正面にしたところに、ステンレス製の正方形台座の上に丸いふたをかぶせたようなモニュメントがある。円形部分には「EXPO'70 TIME CUPSULE」の刻印。このモニュメントの地下15メートルにタイムカプセルの1号機と2号機が埋められているのだ。

1号機の開封は西暦6970年の予定。2号機は、まず2000年に第1回の開封をおこなって埋設済みで、以後100年ごとに開封して保存状態を確認するという。

また、あまり知られていないが、このタイムカプセルと同型の現物を展示している施設がある。大阪城公園に隣接する大阪歴史博物館だ。

同館のタイムカプセルは、埋蔵されたものと同時に製作されたもの。ショーウィンドウになっているので館外からも見ることができ、館内では無料で間近からの見学が可能だ。

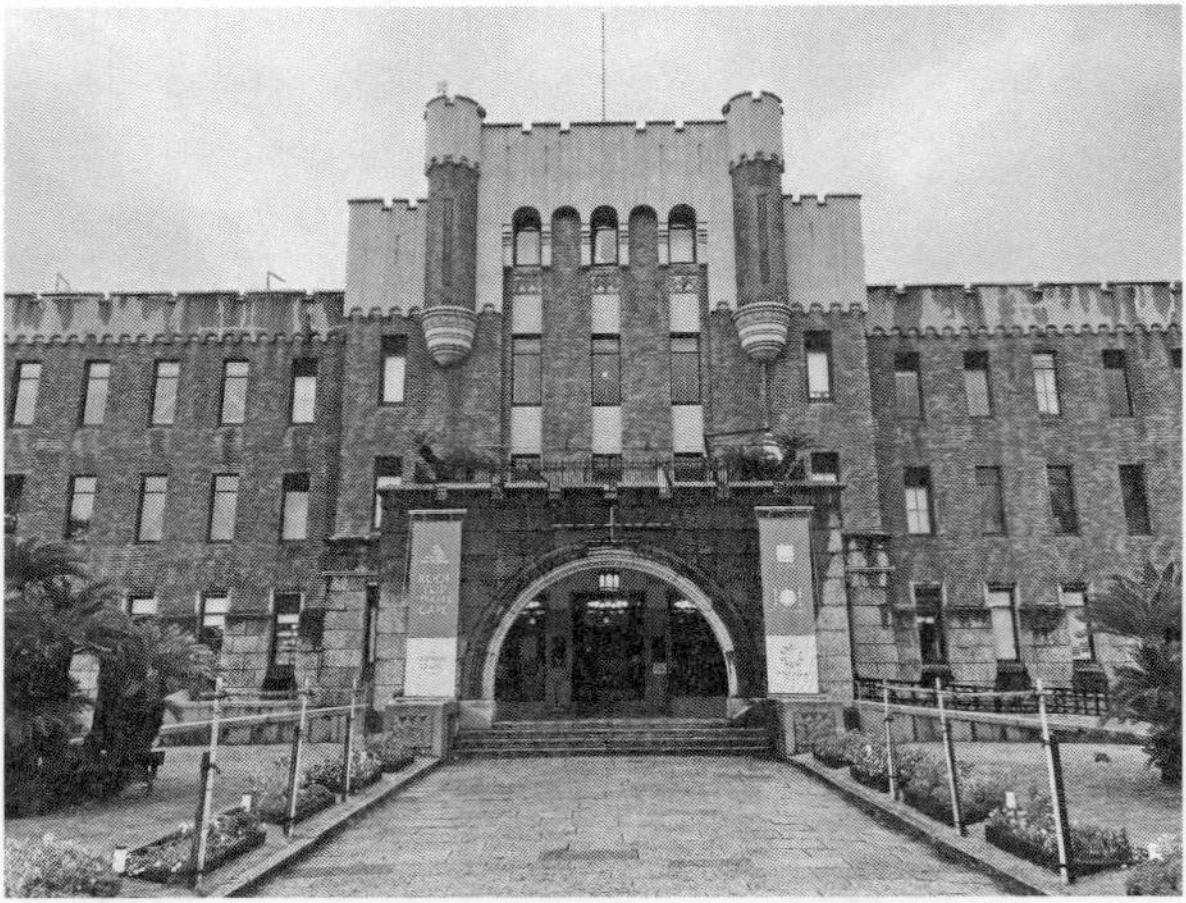

旧陸軍第4師団司令部の建物を改装したMIRAIZA OSAKA-JO

本丸内、天守閣の前で開封のときを待つタイムカプセル。2号機の開封は6970年まで50回にわたって繰り返される予定

●「大阪夏の陣」後も残された貴重な遺構

もう1つの穴場ともいえるのが、「豊臣秀頼《ひでより》・淀殿《よどどの》ら自刃《じじん》の地」の碑だろう。天守の裏にまわって階段をおりると、人気《ひとけ》の少ない場所に墓石のような石碑が建てられている。ここが1615（慶長20）年の大坂夏の陣で天守が炎上した際、秀頼と淀殿、そして家臣らが自害して果てた場所とされているのだ。

観光客の中には、そんな歴史を知らない人も多いのか、足を向ける人は少ない。供花が手向《たむ》けられてはいるものの、ひっそりとした様子があわれみを誘う。

夏の陣で焼亡した大坂城は、豊臣秀吉が1583（天正《てんしょう》11）年に築造を開始したものだ。焼け落ちたあとは徳川幕府によって城郭が整えられた。ただ、幕府は城跡を埋めて、その上に築城する。したがって、大阪人はよく「太閤はんのお城」というが、豊臣時代の痕跡はほとんど失われているのだ。ちなみに現在の大阪城天守は、1931（昭和6）年に再建されたものである。

では豊臣時代の名残は完全になくなったのかといえば、そうでもないらしい。天守の前には金属のふたがのせられた井戸のようなものがあり、ここから覗《のぞ》くと豊臣時代の石垣が見られるという。だが、残念ながら一般公開はされていない。とはいえ、大阪城公園から離れれば、多少なりとも痕跡が残されている場所は存在する。

まずは、大阪城の京橋口を出て4分ほど歩いたところにある大阪府立男女共同参画・青少年センター、通称「ドーンセンター」。訪れてみると、建物の北側に石垣らしきものが発見できた。石垣は豊臣時代のものであり、センターが建築の際に地下から発見されたものを移築・復元したのだとか。

さらに、ドーンセンターからすぐ近くの場所にある追手門《おうてもん》学院小学校の東館の地下2階には、「おうてもん石垣ギャラリー」が設けられ、遺構が展示されている。

ただし、原則として関係者以外は立ち入り禁止。道路沿いにガラス窓があって覗《のぞ》くことができるようにはなっているが、臨場感に欠けるというのが正直な感想だ。

石垣ではなく豊臣時代の堀跡が実感できるのが、「空堀《からほり》」と呼ばれる地域だ。大阪城の最寄り駅の1つである大阪メトロ谷町《たにまち》四丁目駅から地下鉄にのり、次の谷町六丁目駅でおりると、駅の近くにあるのが空堀商店街である。

この商店街を歩くとわかるのだが、通りの周辺には下り坂や下りの階段が目につく。階段状の坂もあり、それどころか絶壁ともいえる崖まで存在する。その高さは3階建てのビルに匹敵。低い位置から見上げると、崖の上に建てられた家がタワーマンション並みにそびえているような錯覚も覚えてしまう。

この高低差こそが、豊臣時代の外堀跡だといわれているのである。

空堀の町中、路地の奥にそびえる石垣づくりの崖。秀吉の掘った外堀の深さが実感できる

秀吉は城の南側に水の張らない空堀（南惣構堀《みなみそうがまえほり》）を開削した。空堀という地名は、この堀が由来だ。空堀は1614（慶長19）年の冬の陣のあと、徳川方に埋め立てられている。ただ、全部を埋めることができずに今の形が残されたのだろう。すなわち、空堀は江戸時代前の名残といえなくもない。

なお、空堀地域は空襲の被害を受けず、むかしながらの民家などが立ち並んでいる。その古民家をリノベーションした、若者向けの店舗も数多い。この辺りはガイドブックでもおなじみだが、大阪城見学のあとに立ち寄るのもおもしろい。

道《どう》頓《とん》堀《ぼり》・千《せん》日《にち》前《まえ》――海外からの観光客とは無縁の大人の歓楽街とは

●どこも海外からの観光客でごった返しているが…

「いま大阪でもっとも混雑している場所は?」と聞かれて、必ず名が挙がるのが道頓堀だ。梅田やユニバーサルスタジオジャパン(USJ)、大阪城もにぎわってはいるが、エリアが限定されている分、道頓堀を埋め尽くす人の数はハンパではない。それこそ、「観光客でごった返している」という表現が的確だ。

道頓堀川は、かつての大阪に網の目のように張り巡らされた運河の1つで、開削されたのは1615(元和《げんな》元)年。1653(承応《じょうおう》2)年には川の南側に浪花《なにわ》座、中座、角座、朝日座、弁天座の「道頓堀五座」と呼ばれる劇場が建てられ、繁華街として成長を遂げていった。

繁華街としての道頓堀は、堺筋に架かる日本橋から御堂筋《みどうすじ》の道頓堀橋を越え、大黒橋が西端となる。そして、道頓堀川に沿った通りだけが道頓堀の範囲とされ、しかも多くにぎわっているのは堺筋から御堂筋まで。

風情の感じられる浮世小路。大正から昭和初期の上方芸能などの資料を展示、「日本一小さい神社」の一寸法師大明神も鎮座している

そんな狭い場所に観光客が集中するのだから、混み合わないわけがない。観光客のほとんどは外国人で、立ち並ぶ店舗もインバウンドを目的にしたものが多い。店の看板は中国語やハングル表示が目立ち、店員の呼び掛ける声も外国語。もはや日本人客は肩身が狭い状態といっても過言ではない。

そんな状況の道頓堀なので、珍名所や穴場といった場所は数少ない。唯一といえそうなのが「浮《うき》世《よ》小路《しょうじ》」だ。道頓堀通沿いには、うどんで有名な今井本店がある。もともとは今井本店楽器屋だったが、１９４６（昭和21）年に飲食店として開業。その今井の店舗の右横にあるのが浮世小路で、人ひとり通るのがやっとの路地に大正ロマンや昭和初期の雰囲気が再現されているのだ。

浮世小路を抜けると、そこは法善寺《ほうぜんじ》の境内。コケにおおわれた水掛不動《みずかけふどう》が有名で、石畳が敷かれた法善寺横丁には老舗の店もあり、落ち着いた印象を受ける。

この法善寺を中心とした界隈《かいわい》が「千日前」であり、道頓堀から難波に至る一帯の繁華街をいう。道頓堀にくらべると当然、範囲は広く、飲食店のほかにも大手家電量販店のビルや服飾店など、多種多様な店が集まっている。

千日前は、もともと墓地や刑場のある場所だった。だが、明治時代に入って刑場が廃止され墓地も移転すると、市は補助金を出して土地の購入を促す。やがて見世物小屋や飲食店が立ち並び、繁華街としての様相を呈するようになったという。

しかし1912（明治45）年、界隈を焼き尽くす「ミナミの大火」に見舞われ、千日前も大きな被害を受ける。そこで大阪興行界の実力者が「楽天地」という一大レジャーランドを建設。千日前は復興を遂げた。

●大阪人も知らない人が多い路地裏の世界

千日前には表通りと裏通りがあり、表通りはアーケードに覆われた商店街。表通りからはずれた裏通りは、近年、「裏なんば」とも呼ばれている。

太平洋戦争の空襲で千日前も焼け野原となり、戦後になって進駐軍向けの慰安所などが設けられた。その後、キャバレーやアルサロ（アルバイトサロンの略。女子大生や会社員などの素人女性が接客する）などの店も多かった。

現在の裏なんばはカップルや女性同士でも安心な街となっているが、それでも表通りとは違った趣の場所が残されている。1つは味園《みその》ビルだ。

「大阪のゴールデン街」とメディアで紹介されたこともある味園ビルは、宴会場やキャバレー、ホテルを運営していた5階建てレジャービルで、2階にはテナントとしてバーやスナックが入居。そのジャンルはバラエティに富んでいて、アナログレコードを流すウイスキーバーや昭和レトロバー、メイドバーにゲームバー、怪しげなアングラバーなどがひしめいていた。

「千日前の夜を彩る」とのCMが流された味園ビル。青と赤の丸いネオン看板が千日前のシンボルでもあった

味園ビル２階フロアの様子。雑然とした雰囲気が印象的

夜にはネオンサインが街の雰囲気を盛り上げる千日前のキャバレー

新宿ゴールデン街にくらべると小規模で店舗数も少ないが、それでも独特の雰囲気を醸《かも》しだしていた。残念ながら、2024（令和6）年末をもって閉鎖が決定している。

味園ビルの北側には、懐かしいネオンサインが瞬《またた》くキャバレーが営業している。大阪でも少なくなったキャバレーだが、ここではまだまだ現役。ラウンジやキャバクラなどとは違う、大人の遊びが楽しめる。

大阪人でも、なかなか足を踏み入れたことがないであろう場所が、千日前通に面したコンビニの近くに位置する路地。人ひとり通るのがやっとの路地裏に立ち飲み屋などが軒を連ね、どの店も10人が入れるか入れないかの規模だ。

そんな路地が千日前にはいくつかあり、個性的なたたずまいを見せる。ただし常連が多く、初めて入るにはそれなりの勇気も必要だろう。

もはや完全に観光地化された道頓堀と異なり、千日前にはまだまだ地元民に愛され続けている店は多い。ふらりと立ち寄るにはハードルの高い店も多いが、一度なじんでしまえば居心地のよさは抜群だ。海外観光客が目につくが、本物の大阪ミナミの夜を知るには、千日前の裏通り界隈をぶらつくのをおすすめしたい。

新世界——かつての「危ない街」で昭和にタイムスリップ

●暴動も起き、昼から酔っ払いがいた

昭和の中ごろまでに生まれた人なら、「新世界」と聞くと「危ない町」というイメージが強いかもしれない。確かにかつての新世界は、昼間から泥酔しているような人が多く見受けられた。とても観光客が立ち寄るような場所ではなかったのだ。

1903（明治36）年に開かれた第5回内国勧業博覧会の終了後、会場の跡地の東側は大阪市によって天王寺公園となる。そして西側は民間業者に払い下げられ、1912（明治45）年に誕生したのが新世界だ。

新世界にはパリのエッフェル塔を模した通天閣とルナパークという遊園地が開業。しかしルナパークは1923（大正12）年に閉園し、通天閣も戦中の火災で取り壊される。

戦後の1956（昭和31）年に2代目通天閣が完成するも、レジャー客は復興を遂げた難波や梅田に奪われる。1961（昭和36）年には近辺で釜ケ崎《かまがさき》暴動が起きたこともあって「怖い町」というイメージがもたれ、万博が開かれた70年代初頭には、冒頭に書いたように昼間から酔っ払いがいる光景が日常となり、ますます若者や家族連れの足は遠のいてしまう。70年代から90年代にかけての新世界は、衰退の一途をたどることとなったのだ。

しかし90年代から映画やドラマの舞台となり、テレビ番組でも多く取り上げられることで新世界の名が全国に知れ渡る。街の雰囲気は一変し、2010年代に入ると海外からの観光客も増え、新世界は一大観光地として復活したのだ。

では、現在の新世界に、かつてのイメージを残すものは存在しないのか。改めて探してみた。

●大阪的な「ザ・昭和」の特徴とは

新世界の最寄り駅は大阪メトロ堺筋線恵美須町《えびすちょう》駅。3番出口を出ると、目の前が新世界本通商店街で、その先に通天閣の姿が見える。しばらく歩いた右手にあるのが、新世界市場。100年以上の歴史をもつ商店街だ。

観光客が行きかう本通商店街と異なり、少し前まで新世界市場は閑散としていた。しかし、2022（令和4）年から空き店舗のシャッター前を活用した「屋台街プロジェクト」がスタート。既存の飲食店も一緒になって、商店街を盛りあげている。現在の新世界には、派手で奇抜な外観をした建物が多い。外国人受けを狙っているのだろうか。そんな中で、アールデコ調の装飾を施した映画館が新世界国際劇場だ。通天閣の裏側に位置する。１９３０（昭和５）年の創業時は演劇場だったが、１９５０（昭和25）年から映画を上映。レトロな建物は開業当時のままである。

通天閣の北側には神社が鎮座し、その名は新世界稲荷神社。こぢんまりとした神社だが、手水舎には「ここで物を洗わない事」の注意書きがある。ということは、ここで洗い物をする人がいるということだろう。

通天閣の南側は原色が目立つカラフルな街並みとなっていて、とくに串カツ屋が多い。近年多くなっているのが「射的」だ。店先には「実弾禁止」の貼り紙があり、この辺りは大阪人特有のジョークでもある。

射的と違って、古くからあるのがスマートボール。ばね仕掛けで玉を弾き、遊技台のくぼみにうまく玉が並べば玉が追加されるというゲームで、残り玉の数で景品がもらえるというのはパチンコと同じ仕組みである。

老舗らしい喫茶店の店頭では、「冷《れい》コーあります」の貼り紙を発見。「冷コー」とはアイスコーヒーのことで、大阪では当たり前の呼び名だった。しかし、いまはア

新世界市場の入り口。一時はシャッター通り化していたが、屋台街プロジェクトで活況を取り戻しつつある

レトロな外観と手書きの看板が印象的な新世界国際劇場。成人映画も上映中

イスコーヒーのほうが一般的で、「冷コーちょうだい」と注文する客は少数派。スターバックスやオシャレなカフェで、冷コーが通用するはずもなかろう。

繁華街のさらに南側に位置し、JR大阪環状線に通じる路地がジャンジャン横丁だ。メディアでも取り上げられる人気の串カツ屋や寿司屋、小さな立ち飲み屋などが軒を連ね、やはり観光客でにぎわっている。

ジャンジャン横丁には将棋・囲碁クラブも何軒かあって、横丁沿いからガラス窓越しで勝負の様子を見る人の姿もあった。ただ、いま残されているのは1軒だけ。しかも、残念ながら2024（令和6）年に廃業してしまった。むかしながらの新世界の風景がまた1つ消えてしまったのだ。

危険で怪しい町から、見事に一大観光地へと変貌した新世界。とはいえ、一歩裏通りに入ると、民家やアパートがあってホテルや旅館があり、観光とは無縁のような年季の入った店もある。マッサージ店やビデオ試写室もあり、まるで時代から取り残されたような印象も受ける。

そんな場所にも、観光化の波は押し寄せてくるのだろうか。そして、インバウンドブームが去ったとき、新世界はどのようになっていくのだろうか。それは新世界だけでなく、大阪の観光地すべてに与えられた課題だといえよう。

飲食店がずらりと軒を連ねるジャンジャン横丁

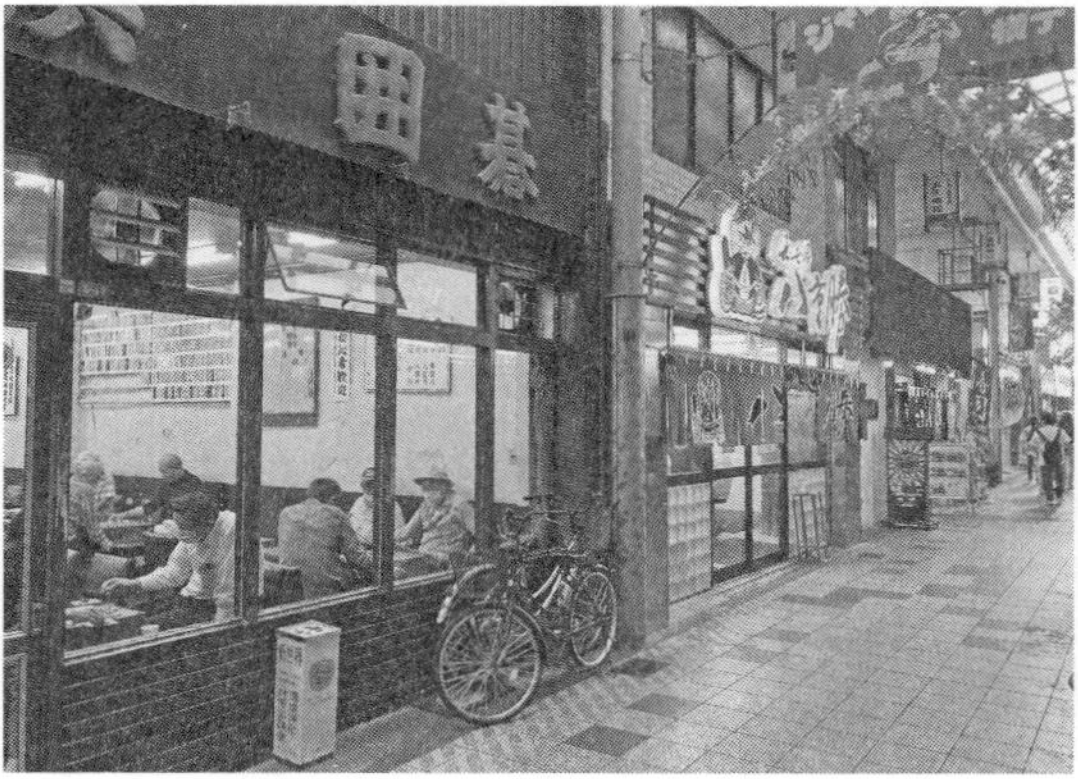

唯一残っていた将棋クラブ。2024年6月に閉店し、約80年の歴史に幕を下ろした

天《てん》保《ぼう》山《ざん》・ＵＳＪ――人気テーマパークにいったあとに訪れるべき穴場的名所

●ＵＳＪの周囲は工場・倉庫街だが…

日本の２大テーマパークといえば、ディズニーワールドとユニバーサルスタジオジャパン（ＵＳＪ）だ。「いやいや、ＵＳＪとディズニーは、くらべものにならないでしょう」という声も聞こえてきそうだが、ディズニーは別格だとしても、その次はＵＳＪだという声は多いはずだ。

このＵＳＪは、日立造船桜島工場と住友金属工業（現日本製鉄）製鋼所の敷地跡に建てられた。ユニバーサルシティ駅のあるＪＲの桜島線（ゆめ咲線）も、地域にあった工場に勤める人のための通勤路線だったのだ。

だが、重厚長大の時代は遠ざかり、大阪にあった造船所は次々に閉鎖。製鋼所などの巨大工場も操業を停止するところが増えた。問題になるのが跡地だ。広大な敷地を遊ばせておくわけにもいかないし、税収の面でも有効活用したい。

ＵＳＪの大阪進出決定は１９９４（平成６）年のこと。バブル景気が弾けて間もなくだ。それまで大阪ビジネスパークやりんくうタウン、咲洲《さきしま》といったビジネス志向の開発を進めてきた大阪の関係者は、このころからレジャーや観光志向にシフトしていったのかもしれない。

USJのある此花《このはな》区桜島は「島」という地名がついているものの、海や川に囲まれているわけではない。地名の由来は諸説あるが、此花区のウェブサイトでは、春日出《かすがで》新田《しんでん》・南《みなみ》新田《しんでん》に築かれた桜堤の「桜」と、当地の埋立て権者である島徳蔵《しまとくぞう》の姓「島」を合成したものとしている。

そんな桜島の面積は約1平方キロ、USJの敷地面積は約0・5平方キロ。すなわち桜島の半分をUSJが占めることになる。そして、USJ以外には工場と倉庫がほとんど。そのほかには、USJの来場者を迎え入れるホテルや、「ゼップ（Zepp）大阪ベイサイド」というライブホールがあるくらいだ。

では、USJで遊んだあと、ほかの場所も観光しようとすると何があるだろうか。

●無料の船でいく、日本一低い山

もっとも近くにあるのが海遊館のある天保山ハーバービレッジだ。ハーバービレッジには海遊館のほかにも巨大観覧車があり、マーケットプレースといった商業施設もある。

ただし、桜島と天保山は安治川《あじがわ》で隔てられている。電車でいこうとすれば、桜島線にのって西九条駅でJR大阪環状線に乗り換え、弁天町でおりて地下鉄中央線に乗り換え、大阪港駅までいくしかない。非常に手間がかかるし、面倒だ。そこで利用したいのが渡船だ。

大阪市には8つの市営渡船場があり、市道あつかいなので乗船料は無料。USJの近くにあるのは天保山渡船場で、約3分で安治川の河口をわたり天保山と桜島の約400メートルを結ぶ。

わずか3分といえども、潮風に吹かれながら波に揺られ、ベイサイドの風景をながめる行程は、なかなか風情がある。

天保山渡船場は、桜島線の終点である桜島駅から徒歩約10分。ただし、朝夕の通勤・通学時を除けば原則として30分に1本の運航なので、前もって出航時刻は確認しておいたほうがいい。

桜島から到着すると、そこは天保山公園。天保山は安治川が浚渫《しゅんせつ》された際の土砂を積み上げた人工の山で、高さ4・53メートルは三角点のある山としては日本でもっとも低い。

斬新な外観の海遊館。アクリルガラス製の巨大水槽では、ジンベイザメの遊泳が見学できる

天保山公園の中にある天保山渡船場。奥を航行しているのは観光船「サンタマリア号」

公園の南西出口を出れば、目の前に大観覧車がそびえ立つ。高さ112・5メートル、直径100メートルの規模は、1999（平成11）年まで世界最大だった。夜にはイルミネーションが輝き、目を見張るほど美しい。

そのほかにもマーケットプレースには、なにわ食いしんぼ横丁という飲食店街や物販店、レゴランドが入り、遊覧船のサンタマリア号も出航している。さらにハーバービレッジ近くの天保山客船ターミナルは整備工事が計画され、完成すると世界最大級のクルーズ客船も停泊が可能になるという。

天保山ハーバービレッジのシンボルでもある天保山大観覧車。夜間のライトアップは翌日の天気予報に合わせて照明の色が変わる

ただ、かつての天保山には「がっかり名所」ともいわれた像があった。マーメイド像だ。

デンマークのコペンハーゲン港と大阪港の文化交流の証として1995（平成7）年に寄贈されたマーメイド像だが、設置されたのは海遊館の裏手の海の中。

当時の海面にはゴミも大量に浮

海の上から専用の設備にすえられたマーメイド像。その表情もほっとしているように見える

かんでいて、「世界三大がっかり名所」ともいわれる本場コペンハーゲンのマーメイド像に負けず劣らずの状態だった。

そんな、かわいそうともいえたマーメイド像だが、2017（平成28）年にハーバービレッジ西側のサンセット広場に移設。海上ではなく特別な設備の上にすえられ、夜にはライトアップもされている。

USJと天保山ハーバービレッジは、意外な交通手段で結ばれていた。USJだけで1日過ごすのも悪くはないが、時間に余裕があるのなら、ぜひ船に揺られて天保山まで足を伸ばしてほしい。

アメリカ村――退廃的なイメージの中から新しい文化の誕生を予感

●今や、どこにでもあるファッション街？

アメリカ村とは、東は御堂筋《みどうすじ》、西は阪神高速環状線の高架下、北は長堀通《ながほりどおり》、南は道頓堀川に囲まれたエリアをいう。服飾店やアクセサリー店、ファッションビルなどが立ち並び、若者世代が集う街として名が知られている。現在は西心斎橋《にししんさいばし》という地名で統一されているが、かつては北炭屋町《きたすみやまち》、南炭屋町、鰻谷西之町《うなぎだににしのちょう》、大宝寺町などに区分されていた。

そんな地域に、若者向けの店が誕生し始めたのは1970（昭和45）年前後のことだ。当時のアメリカ村界隈は心斎橋筋の商店や企業の倉庫街であり、家賃も安かった。そこに目をつけたのが、現在の70歳前後の人たちだ。自分たちの力でファッションやクリエイティブな文化の発信を志した若者たちは、倉庫を改装して喫茶店やブティックをオープンさせる。とくにサーファーが中心となり、アメリカ西海岸やハワイから取り寄せた服を販売。ここから「アメリカ村」の通称がつけられ、大

古着屋がならぶ通りを若者が往来するアメリカ村の様子。ちなみに、エリア内の道路は歩行者専用ではない

阪カジュアルファッションの聖地となったのだ。

ただ、80年代も後半になると、アメリカ村も様変わりを始める。大きな理由の1つは大手資本の進出だ。

アメリカ村には市立南中学校があったが1986（昭和61）年に移転。跡地には大型ファッションビルのビッグ・ステップが建てられた。これに端を発し、心斎橋OPAなどの施設が建てられる。

それと同時に街並みも整備され、「三角公園」の通称で知られる御津《みつ》公園も改修。それまではブランコやすべり台がある、ごく普通の児童公園だったものが、イベント開催も可能なスペースに生まれ変わった。今は待ち合わせや、近くの店で買ったタコ焼きなどをほおばる場所となってしまった。

そもそもアメリカ村は、資金はないけれど夢と情熱を持ち合わせる若者たちがつくりあげた街だ。自分たちで自分たちの街をつくって、育てていこうという気概に満ちていた。つまり、彼ら・彼女たちの情熱が、「アメリカ村」というブランドを築きあげたのだ。しかし現在は、逆に「アメリカ村」というブランドにすがりつこうとする経営者が多い。自分の店から自分のセンスを発信しようとする人もいるにはいるだろうが、多くはオーナーや企業が運営し、現場は雇われの店長や従業員に任せきりという状況だ。

全国的に有名となったアメリカ村には、修学旅行の生徒や海外からの観光客の姿も多い。アメリカ村ができあがったころとは異なり、どこにでもありそうなファッション街に変わってしまった。

むかしのアメリカ村を知る人たちの、ため息が聞こえてきそうではある。

そんなアメリカ村は、大きく3つのエリアに区分することができる。北側は大手のビルや企業経営の店舗が比較的多いエリア。中ほどは、かつての面影を残す小さな店の集まるエリア。そして南側は、ファッション街というよりも飲食店が目立つエリアだ。きちんと道路で隔てられているわけではないが、徐々に雰囲気や風景が変わっていくといったイメージだ。

●怪しい魅力が爆発する「南側」ゾーン

アメリカ村の南側は、ラブホテルやファッションヘルス街に近い。北側のオシャレな印象とは、うって変わる。その中に建つ、異様ともいえる外観のビルが日宝三ツ寺会館ビルだ。

最近はテレビなどのメディアで取り上げられることも多いが、このビルにはバラエティに富んだバーなどの飲食店が入居している。廊下などの共用部分はとてもきれいだとはいい難く、地下組織のアジトか何かが集まっているような独特の雰囲気がある。しかし、これらの飲食店を経営する人たちは、個性を発揮しようとしている。その多くは、若者世代だと推測できる。

バーだけでなく、古着屋やレコード店も入居。千日前の味園《みその》ビル以上に、怪しくておもしろそうな空間ではある。

日宝三ツ寺会館ビルの近くのビルも、同じような「いかがわしい」においがする。落書きだらけの壁に、あちこちにゴミの落ちた通路。ドアを開けるのに勇気が必要

1970年建築のアメ村スクエア大阪センタービル。南側ゾーンに位置し、地下1階地上6階に多様な店舗が入居している

大阪センタービルの中の様子

関西のメディアでも取り上げられることが多い日宝三ツ寺会館ビル。バラエティに富んだコンセプトの店が多いことで有名

な店が並んでいる。

誕生した当初のアメリカ村には、それこそアメリカ西海岸のような明るさと、突き抜けた軽快さがただよっていた。しかし日宝ビルなどで感じられるのは「退廃」だ。そんな店で、若者世代は何かを生み出そうとしているのかもしれない。

「今のアメリカ村はおもしろくない」「もうアメリカ村に興味はない」

そんなことを口にする大人世代も、一度アメリカ村の南側に足を運んでみればいい。そこには自分たちの世代とは異なる方法で、カルチャーをつくりあげようとする気配を感じ取れるはずだ。

梅田《うめだ》――再開発された街と欲望を満たす街の2つの顔をもつ

●開発に次ぐ開発で先進のビル街となったが…

繁華街であり、ビジネス街でもあり、歓楽街でもあるのが梅田。JRに大阪メトロ、阪急、阪神が乗り入れる交通の要衝でもある。難波や心斎橋筋、千日前といったミナミにくらべ、きちんと整備されたイメージがあるのも、キタの中心である梅田の特徴だ。

そもそも梅田は、ミナミにくらべて開発が遅れていた。大阪の町の歴史をひも解くと、豊臣秀吉の時代に城下町や船場《せんば》が開かれ、江戸時代には島之内、南地《なんち》、道頓堀というように南側へ拡張されていった。北側には堂島新地《どうじましんち》や曽根崎《そねざき》新地が開かれたものの、それ以外は田畑や湿地が広がっていたという。「梅田」という地名も、「埋めた田」もしくは湿地を「埋めた」に由来するといわれている。

そんな梅田の開発が進められたのは、1874（明治7）年に官営鉄道（現JR）の大阪駅が開業してから。ただ大阪駅の所在地は西成郡曾根崎村であり、1897

（明治30）年に曾根崎村が北区に編入されるまで大阪市ですらなかったのだ。

梅田の特徴として、「道がややこしい」ということがある。ミナミは京都のように通りが碁盤目状になっている。しかし梅田は、道が湾曲していたり、放射状になっていたりと、大阪人でも迷ってしまうほど入り組んでいる。その原因は、大阪駅の立地にある。

大阪駅の駅舎は、東西に真っすぐでなく斜めに建てられている。これは北東の京都から南西の神戸に向かって路線を敷くにあたり、都合がよかったからだ。

そんな斜めの駅を基準として、道路はつくられる。ミナミから船場を通ってきた道は南北に直線なので、大阪駅に近づくにつれて湾曲してしまう。しかも、もとは田畑や湿地帯。駅や幹線道路に向かって好き勝手に道を通せば、どうしてもややこしいつくりとなるわけだ。

そんな道の真下にある地下道も、地上と同じようにややこしい。

梅田の地下道は、「梅田ダンジョン」と呼ばれるほどに入り組んでいる。それこそ迷路のようである。これは、地上の道路にあわせて地下道を建設した結果だ。

このような経緯のある梅田だから、ミナミや船場にくらべて土地はある。すなわち開発の余地が残されていた。しかも高度経済成長期に入れば、新幹線の開通や大阪府北部の宅地開発などで梅田の利便性が高まり、ますます開発の必要性に迫られる。梅田に開発の波が押し寄せたのは、そのころからだ。

目まぐるしいほどの勢いで梅田は変貌を遂げていった。それは現在も継続中で、今おこなわれている再開発事業が「うめきた2期地区開発事業」、正式なプロジェクト名称「グラングリーン大阪」である。

先行していた一期工事は2013（平成25）年に終了し、複合型商業施設のグランフロント大阪が建てられた。二期工事は2024（令和6）年に一部が開業スタートし、その3年後に全体が完了する予定だという。

グランフロント大阪は北館と南館があり、南館の西側は大阪駅の北側に隣接している。そのさらに西側では、2024年6月現在、着々と工事が進められている。

二期工事の現場前、すでに完成したグランフロント大阪南館付近に立つと、まるで絵に描いたような都市型空間が広がっていた。「都心にある憩いの場」とでも表現すればいいのか、人工の池があり、オブジェが置かれ、キッチンカーなどが営業し、多くの人がくつろいでいる。二期工事が完了すれば、さらにエリアは広がり、「都心のオアシス」と化すのであろう。

二期工事現場のさらに西には、一面ガラス張りのキラキラしたビルが建ってい

大阪駅前第3ビル地下2階の様子。居酒屋などの飲食店は地下1階と2階に多い

梅田の地下街、ホワイティうめだの飲食店街

る。近くまで歩いて正面に立つと、2棟並んだビルの上に丸いふたのようなものが置かれた奇妙な形であることに気づく。これが、大阪観光地ランクでも上位に入る梅田スカイビルだ。

高さ約173メートルの40階建て。屋上は空中庭園展望台となっている。この東棟（タワーイースト）の3階と4階は映画館のテアトル梅田（旧シネ・リーブル梅田）になっていて、上演時間までの待ち時間を快適に過ごせるカフェラウンジも併設されている。このラウンジからは二期工事の現場が眺められ、いくたびに姿を変えつつある様子が俯瞰《ふかん》できる。

このように、どんどん新しくなっていく梅田だが、そんな整理整頓された街だけではない。

●ヤミ市や風俗街の跡地にできた盛り場

太平洋戦争の空襲で焼け野原になった梅田には、戦後にヤミ市が広がった。それを整理しようとして建てられたのが大阪駅前ビルだ。

大阪駅前ビルは第1ビルから第4ビルまであり、オフィスや美容外科クリニックなどが入居している。そしてビルの地下には、ヤミ市の名残のような飲食店が多い。

阪急阪神東宝グループの施設が建ち並ぶ「阪急村」の東に延びる阪急東通商店街

東通商店街にはガールズバーなどの接待系店舗も営業している

実際、ビルが建てられた当初は、ヤミ市にあった店が移転したらしい。ホワイティうめだやドージマ地下センターといった地下街にも、ちょっと立ち寄りたくなるような飲食店は多く、地上の商店街ともなればミナミに負けないくらいの飲み屋街が広がる。その1つが阪急東通商店街だ。

アーケード通りである東通商店街は、そのほとんどを飲食店が占める。今は姿を消しているが、かつてはファッションヘルスが立ち並ぶ風俗街でもあった。

梅田の風俗街・ラブホテル街といえば兎我野町《とがのちょう》や太融寺町《たいゆうじちょう》。ちなみに太融寺町の町名の由来となった太融寺には、大坂夏の陣で息子・秀頼《ひでより》とともに命を落とした淀《よど》殿《どの》の墓がある。自分の墓のある周辺にラブホテルや風俗店がひしめいていることに、淀殿は草葉の陰で複雑な気持ちかもしれない。

このように梅田は進化を遂げていくとともに、むかしながらの姿も残している。そして、うめきたの再開発が終わっても、まだ手がつけられる場所が残っているともいう。表の顔は、開発計画にのっとった端正に整えられた街。しかし一歩裏に入れば、食べたり、飲んだり、遊んだりという欲望を満たす街。

この多面性が、梅田の最大の特徴といえるのだ。

2章　混沌と猥雑が交差する大阪の濃いところを歩く！

飛《とび》田《た》・萩《はぎ》之《の》茶《ちゃ》屋《や》・釜《かま》ヶ《が》崎《さき》――歴史を知ると景色が変わる大阪のディープゾーン

●簡易宿所からホテルへ

全国にはどこにでも似たような町は存在するが、日本でも大阪にしかないといえるのが飛田や萩之茶屋、そして釜ヶ崎などの界隈だろう。

よくメディアなどでは「西成《にしなり》」とひとくくりにされるが、西成とは本来、「区」の名称。ごく普通の住宅街や商店街、オフィス街や工場地の地域もあり、西成区全体がディープなエリアというわけではない。

ディープエリアの入り口ともいえるのが、南海線とJR大阪環状線の新今宮駅だ。駅をおりた目の前には、道路をはさんであいりん労働福祉センターが建っている。今は閉鎖されているが、野宿者が閉じられたシャッター前を占拠し、立ち退き命令が確定したのは2024（令和6）年6月のことである。

新今宮駅界隈も、かつては簡易宿所があり、日雇い労働者風の人も目立った。しかし、多くの簡易宿所が新しくこぎれいなホテルに改装され、宿泊料の安さから外

閉鎖前は病院、寄せ場、職業安定所や市営住宅などが配置されていた、あいりん労働福祉センター

国人バックパッカーに人気だという。また、関空から新今宮駅をおり、新世界に向かう観光客の姿も多く、若い女性の姿もある。かつて「危ない町」といわれていた時代と比べると、隔世の感がある。

新今宮駅から天王寺駅方向に進むと途中に新世界のジャンジャン横丁があり、そこからJR環状線のガード下をくぐると動物園前商店街。アーケード通りを進み、飛田本通商店街に入ると、東側一帯が飛田新地《しんち》だ。

新地とは旧遊郭のことで、かつての赤線地帯を指す。開設されたのは1916（大正5）年。その4年前に起きたミナミの大火で難波新地乙《おっ》部《ぶ》遊郭が全焼し、代替え地として設けられたのがはじまりだ。

現在の飛田新地は約160店舗が営業。大阪のみならず全国でも最大の規模だ。人通りが多く、近年では海外からの観光客も訪ねてくるという。エリアの中央を阪神高速松原線の高架が通じていて、その下には喫煙所が設けられている。昼間でも人がたむろしていて、若い世代が目立っていた。

●元遊郭を抜けると下町ゾーンへ

飛田新地から商店街に戻り、アーケードが途切れたところにあるのが飛田大門跡。西側へ歩を進め、堺筋を越えた辺りが今池で、さらに西側が萩之茶屋だ。

この辺りの商店街もアーケードに覆われていて、老舗らしき洋食屋や喫茶店、中華料理屋も点在する。だが、近年数を増やしているのがカラオケ居酒屋だ。向こう三軒両隣どころか、軒並みカラオケ居酒屋になっている。経営者が中国系の店が多いといい、実際、声をかけてくる若い女性も、しばしば片言の日本語だったりする。

かつて今池・萩之茶屋界隈は立ち飲み屋が多く、早朝からにぎわっていた。カラオケ居酒屋は、それらの立ち飲み屋にとって代わっていった。

飛田新地の中心部からすこし離れた場所に建つ「鯛よし百番」。遊郭建築の特徴を随所に残した国の登録有形文化財

近年、萩之茶屋や釜ヶ崎界隈に増えているカラオケ居酒屋

地元に暮らしている人にとって、朝から営業している立ち飲み屋がよかったのか、今のカラオケ居酒屋がいいのかはわからない。ただ、かなりの数のカラオケ居酒屋がありながらも経営が成り立っているということは、「おもろかったらそれでええねん」ということなのかもしれない。

商店街からはずれて萩之茶屋南公園へ。通称は「三角公園」で、ここでは炊き出しもおこなわれる。さらに西にいくと南海線の高架があり、北にいけば萩ノ茶屋駅。さらに北側が新今宮駅となる。

これらの界隈が、いわゆる「あいりん地区」である。

なお、あいりんは、行政やメディアが使用を取り決めた通称地名で、古くからの住民は旧称である釜ヶ崎を使うことのほうが多いらしい。

新今宮駅の近くは簡易宿所からこぎれいなホテルに改装した建物が多い、と先に記した。しかし、今池・萩之茶屋、あいりん地区近辺は、むかしながらの格安アパートやマンションが残されている。風呂とトイレは共同で、部屋はワンルーム。さすがに木造アパートは少なく、ほとんどは鉄筋コンクリート造りのビルだが、ここに住み、ここから働きに出かける人がいるわけだ。

これらのエリアを歩いてみて認識したことは、かつての「危ない町」という雰囲気は、思った以上にほとんど残っていないということだ。

アルコールが入っているせいもあるのだろうか、町の人の表情は明るいし、活気もある。生活苦をかかえている人もいるはずで、簡単に第三者が判断を下すわけにはいかないが、それでも「ちょっと雰囲気の異なる下町風情」という言葉が当てはまりそうだ。

ただし、時間帯や季節によっての違いはあるだろう。昼間の顔と夜の顔は異なるはずだ。日が暮れて人通りも少なくなれば、また違った様相を呈しているかもしれない。

昨今、大阪のテレビ番組では「西成ツアー」などと銘打って、芸能人が夜の新今宮や萩之茶屋あたりを紹介する番組が放映されることもある。最近は気軽に入れる店も増えているようで、「安心・安全」、そして「値段が安い」がアピールされる。

ＪＲの新今宮駅の北側には、星野リゾートによる「ＯＭＯ７大阪」というホテルもオープンした。ガイドをともなっての周辺ツアーも組まれているという。どんな店を紹介してくれるのか、どこまで案内してくれるのかは興味深いところではある。

九条《くじょう》――「日常」と「非日常」が隣り合わせにある不思議

●大阪で2番目の規模の「新地」

大阪ではそれなりの知名度があるのに、全国のみならず関西でもさほど知られていない町がいくつかある。大阪市西区の九条も、その1つだ。

大阪メトロ中央線と阪神なんば線の九条駅周辺が九条の中心部で、アクセスのよさもあって、本町や梅田などのビジネス街に通う人たちの居住地としても人気が高い。それでも界隈には多くの下町情緒が残り、アーケードに覆われた商店街は活気にあふれ、金属加工などの工場も数多い。

昭和初期までの九条は心斎橋《しんさいばし》に匹敵するほどの繁華街とされ、大阪市電（大阪市営電気鉄道）も最初に開業したのは1903（明治36）年の花園橋（現九条新道交差点）から築港《ちっこう》桟橋（現大阪港）間の築港線だった。

九条がそれほどにぎわった理由は、この地に松島遊郭が開かれたからだ。

1869（明治2）年に誕生した松島遊郭は、江戸時代からつづいていた新町遊郭が1890（明治23）年の火災で大半が焼失したこともあって活況を呈する。大正時代の初期には4000人以上もの女性が働いていたとされ、関西では他の追従を許さない遊郭だった。

しかし1945（昭和20）年の空襲で全焼し、近くに移転して営業を続けていたが1958（昭和33）年には売春防止法の施行により廃業。90年近くにわたる歴史に幕を下ろしたのだった――としたいところだが、松島遊郭は「松島新地」と名を変えて現在も残されているのである。

大阪にソープランドは存在しないものの、かつての「赤線」で、風俗店がある新地が松島新地を含めて5か所残されている。最大規模を誇るのが先に紹介した西成区の「飛田新地」。残りは生野《いくの》区の「今里《いまざと》新地」、和泉市の「信太山《しのだやま》新地」、守口市の「滝井新地」だ。そのなかで2番目に大きいのが松島新地だ。

店舗数は約100軒。地区内の道幅は広く、路地に面しているといった形ではない。1軒1軒の建坪も広く、店が集中しているという印象も受けない。飛田のような派手さもなく、どちらかというと落ち着いた雰囲気で、外国人観光客や若者の姿も少ない。そんな松島新地で驚きを禁じ得ないのは、ロケーションである。

冒頭に記したように、九条の商店街は買い物客でにぎわい、大勢が行き来してい

飛田新地とは違い、比較的幅の広い道が通る松島新地の様子

国道172号線(みなと通)に面した松島新地の入り口。角にあるのは茨住吉神社

るし、子どもたちの姿もある。そんな商店街のすぐ横、通りから見える場所に新地の看板があがっているのだ。松島新地は飛田新地のような顔見世システムがない。そのため、店頭に女の子が座り、店のおばさんが道行く人に声をかけるということもない。しかし、生活用品や食料品を買う場所のすぐそばに、新地という性風俗街が存在するのは、不思議な感覚がしないでもない。

もちろん九条の魅力は新地だけではない。キタやミナミのような派手さはなく、京橋や十三《じゆうそう》のような「大人の遊び場」という雰囲気もないが、気軽に立ち寄れそうな店は多い。どちらかといえば、地元住民に愛されている飲食店が軒を連ねているといったイメージだ。

●文化やスポーツ施設も充実

さらに特筆すべきなのが、大阪で数少なくなったミニシアターがあることだ。商店街から少し離れたところ、奇抜な装飾が印象的な「シネ・ヌーヴォ」が、ひっそりとたたずんでいる。開館は1997（平成9）年。69席のシネ・ヌーヴォと24席のシネ・ヌーヴォXの2スクリーンがあり、大阪では十三の「第七藝術劇場」と双璧をなす存在である。通好みの作品が常時上映され、大規模なシネマ・コンプレ

インパクトのあるデザインが目を引くシネ・ヌーヴォの入り口

京セラドーム大阪の南に並ぶガスタンク

ックスでは味わえない楽しみ方が可能だ。

これら九条駅の近くから少し離れると、今度は銀色の丸い屋根が特徴的な建物がある。京セラドーム大阪だ。オリックス・バファローズの本拠地である京セラドームは、シネ・ヌーヴォと同じく1997（平成9）年の完成で、それまでは大阪ガスの工場だった。東京ドーム、福岡ドームに次ぐ日本3番目のドーム球場であり、阪神タイガースも準本拠地として使っている。

そして、2023（令和5）年にはバファローズとタイガースの日本シリーズ第1・第2・第6・第7戦が、この球場でおこなわれた。いわゆる「関西ダービー」「阪神なんば線ダービー」である。阪神としては甲子園で胴上げをしたかっただろうが、日本一を決めたのは京セラドームだったのだ。

なお、大阪ガスの工場跡ということで、今でもガスタンクがドーム近くにはある。このガスタンクは九条住民のシンボル的な存在であり、町のランドマークにもなっているという。

商店街や常連に親しまれる普段使いの店舗に、新地というある種特異なエリアがあり、プロ野球のドーム球場まで存在する。この混然一体《こんぜんいったい》とした街並みが、九条の魅力だと言い切っていい。

鶴《つる》橋《はし》——日本に居ながらにして韓国の食や文化を味わえる

●K-POPの街か焼肉の街か?

大阪人にとって鶴橋は、世代などによって大きく印象の変わる町だ。若い世代、とくに女子であれば、「K-POP」をはじめとするコリアン・カルチャーの町というイメージが強く、高齢者なら駅前に広がる市場や焼肉店の様子を思い浮かべる人が多いだろう。

そして鶴橋は、JRに近鉄、大阪メトロ千日前線が乗り入れ、梅田、難波、天王寺などに匹敵するほどの鉄道路線の要衝でもある。このアクセスのよさもあってか、大勢の観光客でかなりのにぎわいを見せている。

鶴橋の歴史は、遠く仁徳天皇の時代（4世紀末～5世紀前半）までさかのぼる。『日本書紀』の仁徳天皇14年の条には、「冬11月、猪甘《いかい》の津《つ》に橋わたす。すなわちその処を号《なず》けて小橋という」と記されており、これは日本で最古の架橋の記録とされる。この「猪甘の津」が「猪飼野《いかいの》」と呼ばれた地域（現在の生野区桃谷《ももだに》3丁目を含む一帯。

鶴橋駅近くの焼肉ストリート。焼肉のにおいが駅のホームまでただよってくることもある

1973〈昭和48〉年の住所表示変更により消滅）であり、小橋には鶴が多く集まったことから「鶴の橋」と名付けられ、現在の鶴橋につながったといわれている。

その後、韓国が日本の植民地だった時代には、多くの人が朝鮮半島から移住してきた。当時、大阪と済州島には定期航路があり、この航路を利用して工場の多い鶴橋に職を求めて渡ってくる人が多かったのだ。さらに、戦後には済州《チェジュ》島で起きた島民虐殺事件や朝鮮戦争の影響もあり、移住に拍車がかかる。鶴橋に在日コリアンが多い理由である。

そんな鶴橋の観光拠点は、大きく

キムチなどの食材から衣服、雑貨
など品ぞろえも豊富な鶴橋商店街

3つのエリアに分けることができ、1つは「焼肉ストリート」だ。大阪には地域を問わずに焼肉店が多いが、鶴橋は店舗数の桁《けた》が違う。その中でもJR環状線と近鉄の鶴橋駅北西側には、狭い路地をはさんでびっしりと並び、どの店を選んでいいものか迷うほどの充実ぶり。それだけライバル店がひしめいているのだから、味も折り紙つきである。

もう1つのエリアは「商店街」で、近鉄鶴橋駅の東口周辺の鶴橋本通商店街と西口側の鶴橋商店街の2つに分かれる。どちらもアーケードに覆われていて昼でも薄暗い。本通商店街は地域密着の市場といった雰囲気であり、生鮮品の取り扱いも多く閉店時間も早い。道幅も広く、一般的な商店街といった雰囲気だ。

一方の鶴橋商店街は路地がクモの巣のように張り巡らされていて、注意をしていても道に迷ってしまう。そんな場所が多くの人で埋め尽くされ、歩くのがやっとの状態。梅田の地下街以上の「ダンジョン」といえよう。

取り扱っている商品はキムチなどの食料品だけでなく、雑貨や衣料品店などさまざま。きらびやかなネオンサインを看板にしている店もあり、どちらかというと観光客向けの店舗が多いようだ。

●コリアン文化を体感する！

そんな焼肉ストリートエリアや商店街エリアから抜け出して、15分ほど歩いた場所に位置するのが、もう1つのエリアであるコリアタウン。以前は生野コリアタウンと称していたが、現在は「大阪コリアタウン」と改称されている。

大阪コリアタウンは御幸通《みゆきどおり》商店街、御幸通中央商店会、御幸通東商店会で構成され、東西約500メートルの通りには約150の店舗が軒を連ねている。

アーケードのない明るい通りには、雑貨や食材、飲食店に韓国カルチャー関連の店舗が並び、訪れるのは若者世代がほとんど。中には修学旅行で立ち寄ったのか、制服姿の学生も見受けられる。

意匠に凝った街灯や来客を迎える門が街の雰囲気を盛りあげていて、日本にいながらにして韓国の雰囲気が楽しめるのだ。

人通りの絶えない大阪コリアタウン。中央にあるのは御幸通中央門

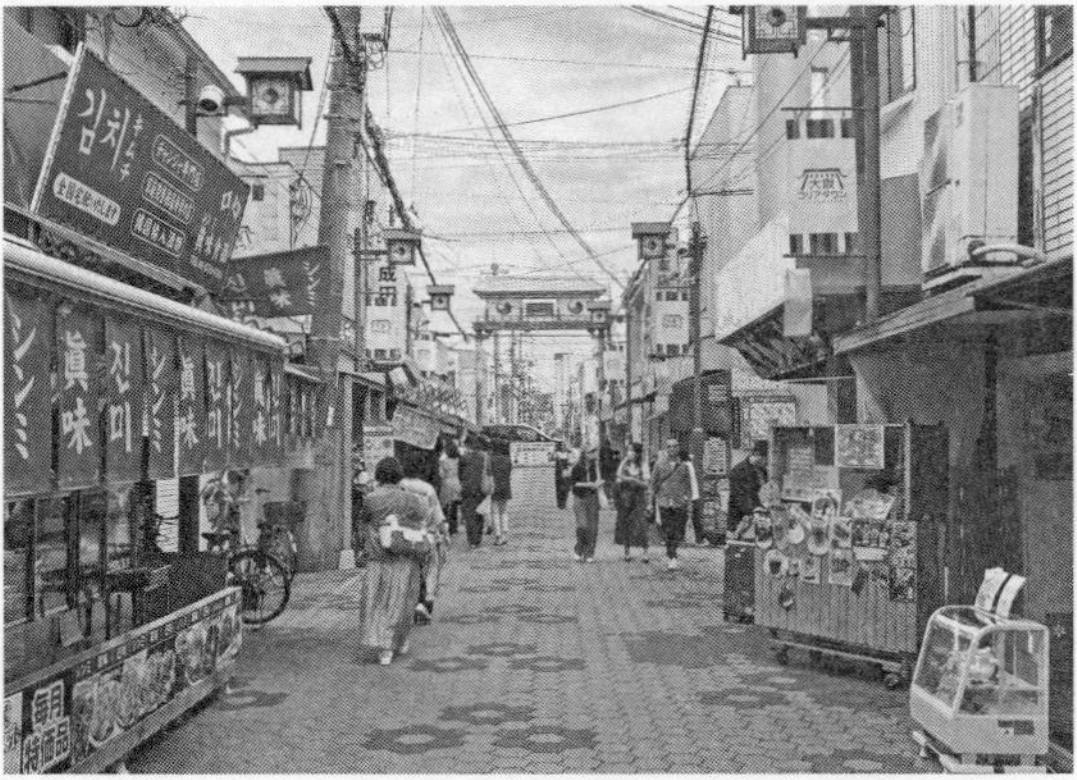

商店街の東側で奥に建つのは百済門。年間200万人以上の人が訪れるという

コリアタウンの通りに入って、すぐ右側に鎮座するのは御幸森天神宮《みゆきもりてんじんぐう》。1600年の歴史を誇る由緒ある神社で、仁徳天皇を主祭神として祀っている。そこから本通りを300メートルほど東に進み、左折したところに大阪コリアタウン歴史資料館がある。

2023（令和5）年に開館したこの施設は、「地域に刻まれた歴史に想いを馳せ、共に生きてきた人びとの姿に出会い、誰もが未来を創り出す可能性を手にしていることに気づく、開かれた場づくり」（同館設立趣意書から抜粋引用）を目標とし、資料の展示だけでなくイベントも開催。コリアタウンの成り立ちを学び、感じ取ることができる。

これらのエリアを歩いて感じることは、圧倒されてしまうほどの「コリアンパワー」だ。それは、キムチの色合いにも似た真っ赤な情熱の表れといってもいい。焼肉を食べ、キムチに舌鼓を打ち、コリアン・カルチャーに触れるだけで元気があふれ出る。そんな力強さに満ちているのが、鶴橋という町なのだ。

京橋――大阪で唯一無二の「清濁併せ呑む」街の正体

●大阪でもっとも「猥雑」な東側

大阪市の都心部東側には「京橋」がある。京阪本線とＪＲ環状線、大阪メトロ長堀鶴見緑地線が乗り入れる繁華街であり歓楽街だ。そんな京橋は、大阪でもかなり特徴的な町といえる。

大阪の繁華街といえば、梅田を中心としたキタと難波周辺のミナミが代表格である。キタは比較的オシャレで、ミナミは庶民的というイメージはあるものの、実際には大きな差があるわけではない。キタにもミナミにもブランドショップはあるし、年季の入った飲み屋もある。

しかし、京橋は違う。断言してもいい。少なくとも京橋からは、「オシャレ」だとか「洗練された」という印象を受けることはできない。

京橋の歓楽街は、戦後のヤミ市をルーツとする。１９４５（昭和20）年8月14日、アメリカ軍の空襲が京橋を襲う。翌日に太平洋戦争が事実上の終わりを告げてから

JR環状線の京橋駅北口を出てすぐにある京阪京橋商店街の入り口

新京橋商店街（ビギン京橋）の入り口にある直径2メートルの「真実の口」。1992年のアーケード改装にあわせて設置された

JRの高架近くの京橋グランシャトービル。現在はパチンコ店、ゲームセンター、カラオケ店、サウナが営業中

は焼け野原にヤミ市が広がり、現在の京橋繁華街の基礎がつくられた。それが京阪やJR京橋駅の東側に広がるエリアだ。

JR京橋駅の北口をおりると、目の前にあるのが京阪京橋商店街である。アーケードに覆われて昼間であっても薄暗い商店街には、居酒屋や立ち飲み屋など、さまざまなジャンルの飲食店がひしめいている。周辺には京橋駅前商店街、京橋一番街、京橋東商店街などがあり、これらの商店街も例外なくバラエティに富んだ飲食店で埋めつくされている。しかも、その多くは気軽に入ることができて、財布にもやさしそうな店ばかりだ。

とくに京橋らしいともいえるのが、さまざまな性風俗店が営業していることだ。ソープランドこそないものの、キャバクラに店舗型ヘルス、大阪では珍しいピンサロと枚挙にいとまがない。大阪人で知らない人はいない、といわれるほど有名なレジャービル「京橋グランシャトー」には、かつてキャバレーも営業していた。残念なことに現在は閉店したが。

このような街なので、道行く人の大多数は男性だ。しかも年齢層が高い。10代や若い女性が足を踏み入れるのに、ハードルは高いであろう。すなわち、京橋は「親父の聖地」といっても過言ではない。最近はチェーン店などの新しい店も増えて多少緩和されつつあるも、そんな場所は、大阪のどこを探しても見当たらない。

●先進ビジネス街なのに夜は歩くのが怖い?!

一方、大歓楽街があるかと思えば、大阪ビジネスパーク(OBP)というビジネス街が隣接している。寝屋川《ねやがわ》と第二寝屋川、JR大阪環状線に囲まれた三角形のエリアである。

OBPは、大阪城の北東にあった陸軍大阪砲兵工廠の跡地に開発された。京橋空襲も、米軍が本来の標的としたのは砲兵工廠だったのだ。

その後、長く放置されていた土地は1980(昭和55)年に開発事業が着工され、6年後に「まちびらき」がおこなわれた。エリア内には多くの高層ビルが立ち並び、読売テレビ、住友生命、KDDI、東京海上日動火災、富士通、鹿島建設などが社屋を設けている。

そんなOBPに関しては、「テナントの空きが多い」「閑散としている」「おもしろみに欠ける」などの意見も耳にする。実際に働いている人に聞くと、「夜に遅くなったら、帰るのが怖いときもある」と口にしていた。

では、実際にはどうなのか、噂は本当なのか訪ねてみた。

開発費予算が潤沢《じゅんたく》なバブル前に整えられただけあって、街並みは緑も多く清潔だ。「これこそがビジネス街！」という雰囲気に満ちている。ニョキニョキとそびえ立つ高層ビルが目立つものの、「ホテル・ニューオータニ大阪」もあり「山王《さんのう》美術館」や「コンサートホールの「住友生命いずみホール」という文化施設もある。けっしてビジネスビルオンリーではない。ビルの中にはコンビニや飲食店、居酒屋や雑貨屋までそろい、働いている人に不便はなさそうだ。

大阪どころか、日本を代表するような企業が集まっているOBP。インテリジェンスを誇示するにはうってつけ、という印象を受ける。環境はいいし、交通アクセスも抜群だし、利便性も高い。大阪城ホールや大阪城公園にも近い。

とはいえ、テナントに空きが多いというのは事実なようで、昼間だというのに人の姿は少ない。夜になればなおさらだろうし、「駅にたどり着くまで恐い」という言

OBPを代表する高層ビルの1つ、
松下IMPビル。高さ125メートルの
地上26階建てで1990年に竣工

葉もうなずける。

ＯＢＰは綿密な都市計画に基づいて完成された地域だ。京橋駅前の商店街のように、集まった人たちが、それぞれの目的によってつくりあげられた街ではない。ただ、きれいで機能的な街ではあるが、無機質で人の息吹は感じられない。

逆に商店街界隈には、人間の欲望が渦巻いている。寝屋川を越えるだけで、歓楽街という俗な世界からビジネスというクールな世界に様変わりしてしまう。エリアによって清濁がはっきりと区分されている京橋。好き嫌いがはっきりと分かれそうだが、独特の魅力に満ちた街だといえよう。

北新地《きたしんち》——大阪随一の高級歓楽街は東京・銀座と何が違うのか

●「座るだけでウン万円」の歓楽街

大阪の「夜の社交場」としてトップの位置を占め、東京の銀座と並び称されるのが北新地だ。現在は高度経済成長期やバブル景気のころほどではないにせよ、「座るだけでウン万円」のラウンジやクラブが軒を連ねている。ただ、バブル期以降の不景気も影響して、気軽に立ち寄れる店やチェーン店も増えつつあるのが現状だ。

そもそも北新地は、堂島川《どうじまがわ》と北側に流れていた曽根崎川《そねざきがわ》（蜆川《しじみがわ》）の間に開かれた堂島新地をはじまりとする。堂島新地は1685（貞享《じょうきょう》2）年から両河川が改修された際、新地開発もおこなわれたのにともなって3年後に誕生。大坂城下町の北端、もしくは当時の都心部だった船場の北に位置することから「北の遊里」と呼ばれた。大阪の二大繁華街の1つである「キタ」の名称はこの北の遊里を由来とし、「ミナミ」は道頓堀界隈が「南地」と呼ばれていたことに由来するとされる。

ただ大阪の地元民にいわせれば、単純に大阪市内の北側にあるからキタ、南側な

四つ橋筋から見た北新地本通りの入り口。日が暮れると一帯はネオンが瞬き、人通りやタクシーの通行量も多くなる

のでミナミという、単純な理由だという意見のほうが多い。

それはともかく、1708（宝永5）年には曽根崎川の北岸でも新地開発がおこなわれ、曾根崎新地が開かれる。一方、堂島新地は1730（享保《きょうほう》15）年に米会所が開設されたこともあり、商売の町へと姿を変え、遊里のほとんどは曾根崎新地へ移転した。さらに1909（明治42）年、現在の北区一帯を襲った大火事（北の大火）で曽根崎一帯は焼失。曽根崎川はガレキの捨て場となって埋め立てられ、跡地にできたのが現在の北新地である。

北新地の最寄り駅はJR東西線の

北新地駅。地下鉄なら西梅田駅が近い。西梅田駅はもちろん北新地駅も改札口は地下にあり、地上に出て大阪駅前第一ビルから桜橋の交差点を南に渡ったところにあるのが北新地西側の入り口だ。

北新地の西入り口には、夜になると明かりの灯る看板が掲げられている。ただ、まっさきに目に飛び込むのが、カラオケ店というのはご愛敬だ。

曽根崎川の跡地に当たるのが北新地本通り。川の跡なのだから道が湾曲していると思いきや、先が見通せるほどまっすぐになっている。しかし、地図を確認するとわかるのだが、エリアを東西につなぐ道は斜めに走っている。堂島川から分離してふたたび堂島川へ流入していた曽根崎川が斜めに流れていたためだが、そのことを示す古地図と説明板が本通りから横道に入ったビルの前に設置されていた。

北新地も中央部分にいたれば、店名がびっしりと記された看板を掲げるテナントビルが林立している。その店の多くが高級クラブか高級ラウンジなのかと考えれば、いく気も入店できる財布の余裕もないのに、なぜか背筋が伸びてしまう。

●狭い路地に魅惑の立ち飲み屋が

そんなかすかな緊張をおぼえつつ東へ歩を進めると、本通りから北の永楽通りに

永楽町通側から見た蜆楽通りの入り口

蜆楽通りの中ほどに安置された曽根崎恵美寿。ご神体は愛知県岡崎の三河産花崗岩を用いた手彫りの像

通じていそうな路地を見つけた。提灯《ちょうちん》がぶら下げられ、石畳が敷かれている。人ひとりが通るのがやっとという道幅だ。

入ってすぐに立ち飲み屋があり、その店の前にステンレス製の案内板が設置されている。路地の名前は蜆楽《けんらく》通り。店舗数は10軒ほどで路地はかぎ型に曲がっていて、途中に真新しい「えべっさん」の神像が祀られていた。

このえべっさん、「戎」でも「恵比寿」でもなく「曽根崎恵美寿」という。「北新地で働く女性がいつまでも美しく幸せであってほしい」という願いが込められ、恵美寿という字があてられたとする。ご利益は「商売繁盛」「良縁萬来」「勝運」、そして感度良好ならぬ「肝臓良好」。竿《さお》を持たずにタイを両手で掲げ、酒徳利を右腕に下げた姿が特徴的である。

提灯に明かりが灯ると、通りは幻想的な雰囲気に包まれ、北新地の中でも特別な雰囲気を醸していた。

最初に「銀座と並び称される」と記したが、北新地には銀座と異なる印象を受ける。銀座は歓楽街であると同時にショッピング街であり、高級ブランド店も数多い。北新地は純然たる歓楽街で、買い物が楽しめる場所はない。「ちょっと余裕のある大人が楽しむ夜の街」――そのイメージこそが、北新地らしさだといえよう。

十三《じゅうそう》——阪急沿線の異端児？発展の方向が斜め上の街

●商店街と歓楽街がミックス

十三は不思議な町だ。鉄道路線は阪急だけ。地下鉄もＪＲも通じていない。つまり交通アクセスがいいとはいえず、大阪市内からだと梅田に出て阪急に乗り換える手間が生じる。車でいくにしても、淀川を渡らないといけない。

それでも町にはビルが立ち並び、準大手ゼネコンの高松建設のように本社を置く企業もある。しかも大阪屈指の歓楽街も存在する。

ただ、神戸線、宝塚線、京都線といった阪急の主要路線は、すべて十三に停車する。大阪梅田駅をほとんど同時刻に出た３路線の電車が、先を競うように十三へ向かうという、珍しい光景を見ることもできるのだ。

十三という、少し変わった地名の由来は、「京都から数えて13番目の淀川の渡しがあったから」「古代の条里制において一条目から北に数えて十三条目にあたるから」など諸説があり、確定はされていない。

そんな十三の歓楽街が、栄町商店街だ。場所は十三駅から西に5分ほど歩いたところにある。まず十三駅を西口から出る。すぐにアーケード商店街が通じているが、その前に北へ右折する。そこは「しょんべん横丁」と呼ばれる飲み屋街。2014（平成26）年には大規模火災に見舞われ、ほとんどの店が焼け落ちたものの、現在は見事に復活を遂げている。

もとの商店街に戻ってしばらくいくと、銀行の前に子どもの銅像が置かれてある。「見返りトミーくん」という。地域の守り神として設置されたのは2008（平成20）年。その名前は「十三」を「トミー」と呼び変えたものらしい。なお、商店街も十三本一商店街から十三トミータウンに改称している。

いきなり飲み屋街となる京橋とは違い、十三トミータウンは飲食店の数は多いものの、まだ歓楽街という印象は受けない。ほかにも、普段の生活に欠かせないであろう商店街が十三にはいくつかある。

トミータウンを抜け、国道176号線（十三筋）を渡って左折し、しばらくいったところで「SAKAEMACHI」と掲げられたゲートがお出迎え。ここが歓楽街・栄町商店街の入り口だ。

商店街エリアはレンガタイル敷きになっていて自動車は通行禁止。アーケードは

阪急神戸線沿いの路地に位置するションベン横丁

背中を向けた見返りトミー君の像。季節を感じさせる衣装を身に着けている

栄町商店街にあるレジャービル「サンポートシティビル」の入り口。第七藝術劇場はビルの6階にある

なく、夜にはさぞやきらびやかであろう、と思わせるほど夜の店が密集している。

多種多様な飲食店が連なり、ボウリング場もある。

第七藝術《げいじゅつ》劇場というミニシアターも、ボウリング場のあるレジャービルに入居している。

ただ、このレンガタイル敷きで自動車通行禁止のエリアは、呆気《あっけ》にとられるほど狭い。あっという間に終わってしまうという印象だ。

しかし飲食店や飲み屋は、そんなエリアからはずれた場所にもある。ただし、ミナミや京橋のように集中しているとはいえない。

歓楽街の中心から少し離れた場所に位置する巨大キャバレー

●キャバレー、風俗にトップ進学校

十三の特徴といえるのが、キャバレーが現役という点だ。千日前にもキャバレーはあるが十三にも存続し、200人収容可能な巨大キャバレーも営業している。

ただ、十三にあった大阪最後のアルサロ（アルバイトサロン）が、2023（令和5）年12月をもって閉店した。もう1つ十三の特徴とされるのが風俗店だ。十三には京橋に負けず劣らずの数の風俗店が営業していて、店舗型の店も多い。近くにはラブホテル街があり、デリヘルも盛んなようだ。

京橋と双璧をなす大阪屈指の歓楽

街といわれる十三。しかし、キャバレーの存在を除けば、規模は京橋に軍配が上がりそうだ。しかし、京橋が逆立ちしても勝てないものがある。それは高校である。

十三栄町商店街から約500メートルの南西側に府立北野高校がある。北野高校は大阪府下でもトップの公立進学校であり、京大、阪大、神大といった「関西三大難関大学」はもちろん、東大にも卒業生を送っている。歴史も古く、1873（明治6）年創立された欧学校を起源とする。まだ一府県一校設置が原則だったころ、大阪府唯一の尋常中学校として開校。1902（明治35）年に北区堂島浜通（現福島区福島1丁目）から北区北野芝田町（現芝田2丁目）に移転する。

移転先の地名から北野中学と改称し、1931（昭和6）年に現在地に移転。当時、大阪の旧制中学は所在地の地名を学校名にする習慣があることから十三中学校への改称案が取りざたされたが、第十三中学校として開校した豊中《とよなか》中学校（現豊中高校）と紛らわしくなることや、府立で最初に創立した一中のイメージが失われるとして撤回されている。

普段使いの商店街に横丁の飲み屋街、巨大キャバレーにミニシアターに性風俗店。そしてトップ進学高校。狭いエリアにいろいろなものがギュッと詰め込まれた十三は、やはり不思議な町である。

日本橋《にっぽんばし》――電気街からオタクの町へ。歩いてみるとレトロゾーンを発見!

●でんでんタウンの中のオタロード

大阪と東京で似ているエリアはいくつかある。その中で秋葉原と比較されるのが、大阪市浪速《なにわ》区の「日本橋」である。

秋葉原と同様に電気街として発展し、現在はサブカルチャー、ポップカルチャーの街としても有名な日本橋だが、1つ注意しておく点がある。

地名としての日本橋は大阪市内を南北につらぬく堺筋の南側に位置し、北端が1丁目で、南端が5丁目だ。ただ、いわゆる電気街、サブカルエリアとしての日本橋は3丁目から5丁目界隈。1丁目と2丁目には電気店もマニア向けのショップも存在せず、区も浪速区ではなく中央区だ。

近鉄と大阪メトロの日本橋駅も3～5丁目には遠く、「日本橋だから日本橋駅でおりればいいや」と、よく調べずに下車すると、かなりの距離を移動する必要がある。電気機器とマニアショップが目的なら、南海電鉄の難波駅か大阪メトロ堺筋線の恵美須《えびす》町駅が最寄り駅となる。

もともと日本橋界隈は「長町」と呼ばれ、堺筋を通る四天王寺《してんのうじ》や住吉大社への参拝客や堺、紀州方面へ向かう旅人のための旅籠《はたご》や木賃宿《きちんやど》がならんでいた。そして、堺筋の裏通りはスラム街だったという。

しかし1903（明治36）年、現在の天王寺公園と新世界で「第5回内国勧業博覧会」が開かれると、スラム街は排除される。博覧会ともなれば財界人はもとより、政治家や皇族関係者が訪れる。そんな人たちの目に、スラム街をさらすのはいかがなものか、と大阪市は考えたのだ。

内国勧業博覧会が終わると、かつての長町には古着や骨董品を扱う店が集まり、やがて古書店が増える。買い物客も学生の数が増し、それに合わせて当時最先端だったラジオやレコード、蓄音機を扱う店が増える。これが電気街のはじまりである。

そんな日本橋は堺筋沿いの日本橋筋商店街、南海難波駅から堺筋に至るなんさん通り商店会、堺筋の南西部に位置する日本橋商店会、堺筋と南海線の間にある日本橋筋西通商店街に分かれ、これらを全部合わせて「でんでんタウン」とも呼ばれる。

このうち、日本橋筋西通商店街の別称が「オタロード」。アニメやゲームショップのほかに、メイド喫茶やコンカフェ（コンセプトカフェ）が軒を並べている通りだ。

堺筋に面したでんでんタウンのビル群

堺筋の西側にあるオタロードの様子

オタロードの道沿いにはメイドさんやコスプレイヤーが立ってチラシを配り、彼女たちに話しかける男性の姿を見かける。近年は外国人観光客も目につくが、かつての「爆買い」目的は影を潜め、今はサブカル目的の観光客が多いようだ。

そんなオタロードの中で、場違いのような古風なたたずまいのお寺がある。戦国時代末期の文禄年間から、この地にあるという長町毘沙門堂《びしやもんどう》こと大乗坊《だいじようぼう》だ。「浪花百景」という江戸時代の錦絵にも描かれている大乗坊は、もともと四天王寺の北東辺りにあったのだが、織田信長と本願寺の石山合戦（大坂本願寺合戦）で焼け落ち、現在の場所に移転してきたそうだ。現在の本堂は大阪大空襲で全焼したのち、1960（昭和35）年に再建されたものだという。

江戸時代には広大な寺域をもち、大いににぎわったとされるが、いまはこぢんまりとした様子。本堂前に狛犬《こまいぬ》が奉納されているのは、神仏習合《しんぶつしゆうごう》の名残だろうか。周囲とはまったくことなる厳粛な雰囲気が、神妙な気分にさせてくれる。

●五階建てではない「新五階ビル」

オタロードを南に向かうと日本橋商店会だが、ここにはいっぷう変わった建物がある。新五階ビルである。

昭和レトロな通りとして売り出し中の日本橋商店会の入り口ゲート

電化製品や工具類の店舗が入居する新五階ビル

「五階」と名乗っているものの五階建てではない。また、このビルのある周辺を五階百貨店ともいうが、デパートがあるわけではなく地域の通称だ。

もともとは近くに、1904（明治37）年に取り壊されるまで高さ31メートルの5階建てパノラマタワー「眺望閣」があった。まだ2階以上の建物が珍しかった時代、観光客が押し寄せ、周囲にはそれを目当てにした露店街が広がる。

露天街で「なんでもそろう」ということから「百貨店」と呼ばれ、「五階建てパノラマタワーの下にある百貨店」から五階百貨店と呼ばれるようになったという。

工具や電化製品を扱う店が多いものの、近年は古着を扱う店やカフェも増えつつあり、「昭和レトロ」をアピール。路地裏に迷い込んだような界隈は、オタロードとは違う落ち着いたイメージをあたえてくれる。

まだ空き店舗が目立つので、新しい店が入居すればおもしろみも増すだろう。そんな期待を抱かせてくれる。

そんなに広くないエリアであるにもかかわらず、バラエティに富んだ顔を見せてくれる日本橋。スラム街から古書店街、電気街からサブカルタウンと変貌してきたように、これからはどんな姿に進化していくのか。目が離せそうにない。

3章 意外な歴史逸話を秘めた穴場スポットの愉しみ！

百舌鳥《もず》・古市《ふるいち》古墳群

——日本一の古墳公園はもちろん民家に囲まれた小古墳もまたよい

●巨大古墳巡りのあとは繁華街で一杯…

2024（令和6）年6月現在、日本にはユネスコ世界遺産が25か所ある。その中で、唯一大阪で登録されているのが「百舌鳥・古市古墳群」だ。

堺市北西部の百舌鳥古墳群と羽曳野《はびきの》市と藤井寺市に広がる古市古墳群が、世界遺産となったのは2019（令和元）年のこと。百舌鳥古墳群には44基、古市古墳群には45基が現存し、このうち世界遺産は両古墳群を合わせて49基。もともとは200基以上が存在していたという。

両古墳群の最大の特徴といえるのが、巨大前方後円墳が数多く現存していることだ。日本の古墳の大きさランキングで、トップ3位を大阪の古墳が占め、トップ10位の中でも6基が大阪に残されているのだ。

このような古墳が大阪に建造された理由は、4世紀後半から5世紀後半ごろの王権が中国や朝鮮半島との関係を重視しはじめたことによる。

当時、朝鮮半島には新羅《しらぎ》・百済《くだら》・高句麗《こうくり》の3国があり、倭国《わこく》と呼ばれていた日本とは交流があった。さらに中国からの使者も日本を訪れていて、奈良や大坂にあった都にいくには、九州沿岸から瀬戸内海を通って大阪湾に到着する必要がある。そのときに目の当たりにするのが、小山のような巨大古墳というわけだ。

内陸部にある古市古墳群も、大阪湾から都のある奈良へ向かう大和川の近くに位置する。古墳という巨大建造物をつくる土木技術や人民の統率力を見せつけることで、王権の権威をアピールしたということにほかならない。

大阪に数ある古墳の中で、最大の規模を誇るのが「大山古墳《だいせん》」（仁徳天皇陵古墳）。大阪のみならず、全国でもっとも大きい古墳である。

ＪＲ阪和線の百舌鳥駅か南海高野線・ＪＲ阪和線の三国ケ丘駅《みくにがおか》をおりて少し歩くと、大仙公園という広大な敷地の公園がある。大山古墳はこの公園に隣接し、周囲には天皇陵の「陪塚《ばいづか》」（大型古墳に付随する小型古墳）も点在している。

公園の中にも多くの古墳があり、まさに「日本一の古墳公園」の名にふさわしい。芝生広場や遊具のあるスペース、堺市立中央図書館や堺市博物館といった施設も充実していて、古墳に興味のない人でも十分に楽しめるだろう。

大仙古墳の南側に、全国3位の「上石津《かみいしづ》ミサンザイ古墳」（履中《りちゅう》天皇陵古墳）がある。この古墳の周辺も上野芝公園が整備され、大小さまざまな古墳がある。

大仙公園や上野芝公園から離れ、南海高野線堺東駅の東側、三国ヶ丘という堺市屈指の高級住宅街にあるのが「田出井山古墳《たでいやま》」（反正天皇《はんぜい》陵古墳）。大山古墳の486メートル、上石津ミサンザイ古墳の365メートルと比較すると全長148メートルと小規模だし、周りが住宅に囲まれていて墳丘を見ることすら困難だ。

しかし、堺東駅の西側は堺市随一の繁華街であり、古墳巡りの疲れをいやすにはもってこいの場所といえる。

古市古墳群に目を移すと、最大なのは羽曳野市にある「誉田山古墳《こんだやま》」（応神《おうじん》天皇陵古墳）だ。全長425メートルと、こちらは全国2位。大仙公園のような設備は整えられていないものの、墳丘の側にコスモス畑が広がっているなど比較的整備がされている印象は受ける。

●民家の敷地のような古墳も味わい深い

百舌鳥古墳群も古市古墳群も、模造の埴輪を並べてみたり、遺跡公園に囲まれていたりするところがある。しかし、古墳の多くがあるのは住宅などが立ち並ぶ市街地だ。なぜなら、堺市も藤井寺市も羽曳野市も、大阪市内へのベッドタウンとして

西名阪自動車道の高架下にある赤面山古墳。関係者以外は立ち入り禁止

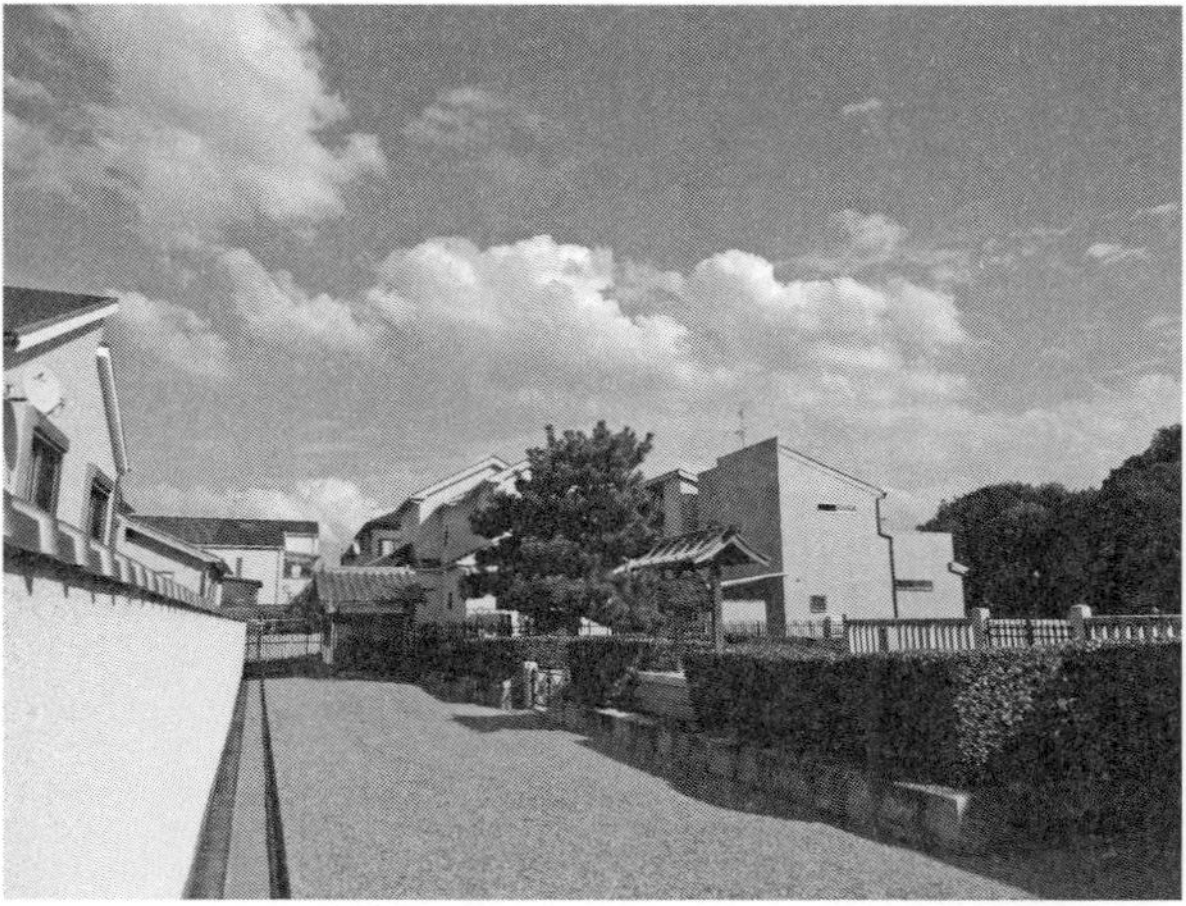

住宅が拝所の鳥居を越えて濠に迫っている市ノ山古墳

開発されているからだ。そのため、住宅に囲まれていたり古墳のすぐそばに家が迫っていたりするところもある。

たとえば、田出井山古墳の陪塚である天王古墳や鈴山古墳は、まるで宅地の更地のような印象を受ける。誉田山古墳近くの赤面山《せきめんやま》古墳にいたっては、西名阪道路の高架の下。木も生えず、道路工事の赤土を盛りあげたような姿である。

近鉄南大阪線土師ノ里《はじのさと》駅から歩いて約5分の市ノ山古墳（允恭《いんぎょう》天皇陵古墳）では、天皇陵であるにもかかわらず住宅が濠に接し、拝所の鳥居の向こうまで家の敷地が迫っている。

墳丘を囲んだフェンスに洗濯ものがぶら下げられている古墳もあるし、単なる空き地状態のところもある。古市古墳群の隼人塚《はやとづか》古墳は四方を民家に囲まれていて、墳丘の様子を見ようとすれば、家と家の間にある隙間から覗《のぞ》かなければならない。

このように、すべての古墳が、きちんと保存されている状態とはいい難い。それでも約1500年の時を経た貴重な文化遺産であり、いうまでもなく人の手によって築かれた人工物だ。

それだけの知識と技術が、当時の人々には備わっていた。そう考えると、かわいそうなほど放置されたままの古墳でも、深い感慨が得られるのだ。

四方をぐるりと住宅に囲まれた隼人塚古墳。ここも関係者以外は立ち入りできない

住宅街にある空き地の小山という雰囲気の野中古墳。墳丘にのぼることも可能

八尾《やお》――古代の内乱の真相を史跡から探る『日本書紀』に記された

●目立たない神社の存在が古代史の定説を覆す？

日本では、過去に何度も内戦がくり広げられている。最後とされるのは1877（明治10）年の西南戦争。明治政府軍と西郷隆盛率いる旧薩摩軍が対決した戦いだ。そして大阪では、約1400年前に当時のヤマト王権を二分する内乱が起きている。587年に勃発した丁未の乱である。

公式に日本へ仏教が伝わったのは6世紀中ごろとされる。このとき欽明《きんめい》天皇は群臣に対し、新しい神を祀《まつ》るかどうかをたずねた。

これに対し、「朝鮮や中国など、ほかの国も敬っているので祀るべきだ」としたのが蘇我稲目《そがのいなめ》、「日本には昔からの神がいるので、外来の神を祀ると、その神たちに祟《たた》られる」と反対を表したのが物部尾輿《もののべのおこし》だ。

どちらも大臣《おおおみ》・大連《おおむらじ》という高官で、稲目と尾輿の意見で王権は2分される。この「仏教を受け入れる」とした派閥を「崇仏派」といい、「受け入れない」とした派閥を「廃仏派」という。

この2派閥の意見に対し、天皇は尾輿の意見を採用。国家としての仏教崇拝は断念する。しかし、「私的に祀るのは問題なし」とし、稲目は仏像を個人的に礼拝。だが、その直後に疫病が流行したため、これを尾輿は「古来の神が怒っているから」と天皇に奏上し、これを受けた天皇は仏像の廃棄を黙認した。

これが「崇仏・廃仏論争」のあらましで、稲目・尾輿の跡を継いだ馬子《うまこ》・守屋《もりや》の代まで確執は持ち越される。その対立がピークに達し、内乱へと発展するのだ。

この丁未の乱に関連する史跡が多いのが、現在の大阪府八尾市だ。

人口約26万人を擁する八尾市は、飛鳥時代は物部氏の本拠地であり、奈良時代以降は大坂と奈良を結ぶ中継地として栄え、江戸時代には浄土真宗の寺内町《じないちょう》も築かれた歴史のある町だ。一歩路地に入れば、往時を彷彿《ほうふつ》させる街並みも残されている。

そんな町の中を歩いて、まずは渋川神社を目指す。創建は不明だが物部氏の邸宅跡ともいわれ、祭神はアメノオシホミミノ命《ミコト》とニギハヤヒノ命。ニギハヤヒは物部氏の祖神である。渋川神社を住地とした物部氏は周辺に別業（別宅）も構え、その跡地とされるのが渋川天神社だ。

創建は飛鳥時代とも伝わる古社で、1935（昭和10）年ごろに当時の国鉄がお

物部守屋の別宅で渋川寺廃寺跡とされる渋川天神社。左にあるのが渋川寺廃寺に関する説明板

こなった工事の際、単弁八葉《たんべんはちよう》や忍冬《にんどう》唐草《からくさ》紋の入った瓦や塔心礎《とうしんそ》が出土。そのため、この付近に物部氏の氏寺である渋川寺があったとされる。

「廃仏派だった物部氏がお寺を？」

そんなふうに思われる人もいるだろう。

渋川寺は丁未の乱のあとに建立されたと考えられてはいるものの、主人が討たれたから急に宗旨を変えるというのもおかしい。

通説では崇仏と廃仏の論争が発端とされる丁未の乱だが、実のところは違う理由で起きたとの説もある。物部氏は軍事と祭祀《さいし》を司る古い氏族で、蘇我氏は財政を担当する新興氏族だ。軍事力に劣り、勢力も弱い。そこで蘇我氏は渡来人との結びつきを強め、大陸や朝鮮半島由来の新しい文化や技術をいち早く採用。それらをもって天皇家に取り入り、朝廷内での実力を高めてきたのだ。

そんな新興勢力である蘇我氏と、いにしえからの実力者である物部氏は、何かにつけて対立。やがて勢力争いが高じて騒乱に発展したというのが、近年の説でもある。

したがって、物部氏も決して、仏教を毛嫌いしていたわけではなかったのだ。

通説を覆すほどの場所である渋川天神社だが、空き地に社殿などがポツンとあるだけ。玉垣もなく、渋川廃寺跡であることを示す説明石板も設けられているが、なんとなく寂しいというか、もったいない印象はぬぐえない。

●壮絶な内乱の小さな史跡

丁未の乱では皇子の多くも蘇我軍に加わった。のちの崇峻《すしゅん》天皇である泊瀬部皇子《はつせべのおうじ》、推古天皇の皇子である竹田皇子、そして厩戸《うまやどの》皇子こと聖徳太子だ。

戦いは当初、軍事経験が豊富で、地の利に勝る物部軍が優勢だった。だが戦闘のさなか、聖徳太子はヌリデの木で四天王を彫り、「この戦に勝てば寺塔を建てて三宝

聖徳太子が建立したとされる大聖勝軍寺の本堂(太子堂)

物部守屋の首を洗ったと伝わる守屋池。大聖勝軍寺の山門前、国道そばに位置する

（仏・法・僧）を広めん」と祈願。願いがかなって蘇我軍は勝利を収める。

聖徳太子が祈願成就で建てた寺が大阪市内の四天王寺。四天王寺と同時に建てられたと伝わるのが、大聖勝軍寺《たいせいしょうぐんじ》の本堂である太子堂だ。

八尾市太子堂の国道25号線沿いにある大聖勝軍寺の門前には、「佛法元始聖徳太子古戦場」と刻まれた石柱が立ち、その背後には太子と四天王の石像が立つ。また、討ち取られた守屋の首を洗ったとされる「守屋池」も境内に残されている。

大聖勝軍寺を出ると、すぐ近くの龍華《りゅうげ》コミュニティセンターのそば、飲食店街の前に「鏑矢塚《かぶらやづか》」がある。ここは蘇我軍の迹見赤檮《とみのいちい》が、守屋を射落とした矢を埋めた跡とする。

聖徳太子もしくは押坂彦人大兄皇子の舎人（家来）である迹見赤檮が物部守屋を射た矢を埋めたとする鏑矢塚

射殺された守屋は、鏑矢塚から国道25号線に沿ってすぐのところに埋葬されたという。国道に面した「物部守屋大連《おおむらじ》墳」である。

王権を牛耳っていた馬子や、馬子に賛同した皇子たちに逆らった

全国各地の神社が奉納した玉垣に囲まれた物部守屋大連墳

鏑矢塚と同じく迹見赤檮が物部守屋を射た矢を記念に埋めたとされる弓代塚

光蓮寺の門前にある稲城址の石碑。稲城とは稲で囲った城、もしくは稲を積んだ砦と考えられている

守屋だが、日本古来の神を奉っていた氏族の長であったことは確かだ。しかも、馬子は崇峻天皇暗殺の首謀者であり、孫の入鹿は645年の乙《いっ》巳《し》の変で暗殺される。

戦前の皇国史観では馬子こそが逆賊とされたので、神道の守護を貫いた守屋は崇敬の対象となる。そのためだろう、守屋墳の玉垣には各都道府県の神社庁や、石上《いそのかみ》神宮、北野天満宮、生田《いくた》神社といった、そうそうたる神社の名前が刻まれている。

守屋の墳墓のある国道を離れ、鏑矢塚から住宅街を3分ほど歩くと駐輪場の裏、高圧鉄塔の下にあるのが「弓代塚《ゆみしろ》」だ。

気をつけて探さなければ、見落としてしまいそうな場所にあるが、道路沿いに設けられた「史跡弓代塚」の石碑が目印。この場所も、迹見赤檮が守屋を射落とした矢を記念に埋めた場所とされている。

戦乱の結果、蘇我軍は勝利を収めるわけだが、けっして奇襲ではない。当時都があった飛鳥から、龍田越《たつたごえ》と呼ばれる現在の奈良県斑鳩町《いかるがちょう》から三郷町《さんごうちょう》を経て大阪府柏原《かしわら》市から八尾市に至る道を通って進軍してきたと考えられる。

この蘇我軍を迎え撃つため、守屋の築いた砦が稲城《いなき》。稲城跡とされるのが、門前に「稲城址」と刻まれた石碑の置かれた光蓮寺《こうれんじ》だ。

光蓮寺は大聖勝軍寺、物部守屋大連墳から約2キロ、時間にして約25分の位置にあり、この一帯が丁未の乱の激戦地だったのだろう。

丁未の乱ののち蘇我馬子の権威は増大し、崇峻天皇を暗殺したり、史上初めての女帝である推古天皇を擁立したりして、政治の中枢を担っていく。

飛鳥時代の遺跡は、都のおかれた奈良県に数多い。しかし大阪府の片隅にも、当時の状況を示す史跡が残されているのだ。

上町台地《うえまちだいち》——大阪が湖だった時代に存在した希少な陸地の痕跡を探る

●難波京は碁盤の目状に道路があった?

いまでこそ大阪市の中心部は平野に位置しているが、かつては水面下にあった。約1万2000年前に氷河期が終わると、氷が溶けて海面が少しずつ高くなり、約5500年前には現在の大阪平野にまで海水が入り込んでくる。このときにできた内海が河内《かわち》湾だ。

やがて北の淀川と南の大和川から土砂が流入し、その規模は徐々に縮小していく。約2000年前には河内湾の入り口はふさがれ、海と切り離された湖である河内潟となり、1600年前ごろには淡水の河内湖へと変化する。

大阪平野や河内平野には、縄文時代から古墳時代にかけての遺跡がいくつか残されていて、その遺跡を線で結ぶと地図の平野部にぽっかりと空間が生じる。それが河内湖の範囲なのだ。

ただ、陸地がまったくなかったわけではない。大阪湾と河内湾を隔てる位置に半島状に突き出ていたのが上町台地。縄文時代から近世までの森之宮遺跡や古墳時代の法円坂《ほうえんざか》遺跡が大阪市の中心部にあるのは、上町台地上に位置するからだ。

上町台地は、幅約2・5キロ、南北約12キロに渡って伸びている。その距離は、大川（天満川）から現在の大和川までとなる。標高は最大で約32メートル。北から南にかけて低くなっていく構造だ。

北端の大川に沿う土佐堀通から上町台地に入る場所は上り坂になっていて、急な階段もあり、台地の高さが実感できる。

大川と寝屋川の交わる場所に建つのが大阪城。大阪城の南側にあるのが難波宮跡で、この場所は孝徳天皇の難波長柄豊崎宮《ながらのとよさきのみや》（前期難波宮）跡と考えられている。遷都《せんと》されたのは645（大化元）年。ただ9年後に飛鳥板蓋宮《いたぶきのみや》に宮が遷《うつ》されたあとも、難波宮は副都として存続した。

さらに奈良時代末期の726（神亀3）年にも、聖武天皇によって同じ場所に宮が置かれている（後期難波宮）。つまり、難波宮は約150年も都の機能を持ち続けたのだ。

難波宮跡から大阪城公園方向へ足を戻すと、大阪歴史博物館とNHK大阪放送局が隣接する前に復元された高床式の倉庫がある。復元倉庫は1棟だけだが、5世紀

難波宮跡公園内にある復元された大極殿基壇

法円坂遺跡に復元された高床式倉庫。倉庫の後ろにあるのが大阪歴史博物館

ごろには16棟以上が整然と並んでいたという。これが法円坂遺跡で、前期難波宮が置かれる150年ほど前には、すでに倉庫群がこの地にあったことになる。5世紀といえば、百舌鳥や古市の地に巨大古墳が次々に築造された時代だ。したがって、当時の大王（のちの天皇）たちも、この地を重要視していたに違いない。

しかも難波宮は、すでに条坊制を採用していたとの説もある。条坊制とは、都の道路を碁盤目状に交差させて、中央もしくは最北部中央に皇居や官庁といった政治の中枢を置くという都市計画のこと。今の京都市を見るとよくわかる。

日本で最初に条坊制で都をつくったのは694年に成立した藤原京とされるが、もしも難波宮だとすれば49年も歴史がさかのぼってしまう。

そして、条坊制の存在を示すかもしれない神社が天王寺区にある。難波宮跡から上町筋を南に下った場所に位置する五條宮《ごじょうぐう》だ。

五條宮の創建は593年とされ、すぐ近くにある四天王寺が建立された際に設けられたとする。もとは医学の神とされる五条大神と少彦名命《すくなびこなのみこと》を祀っていたが、のちに敏達《びだつ》天皇を合祀。神社の境内は、敏達天皇が皇太子のときに居住した邸宅の跡だという。

そして、神社の名称が難波宮に由来するとする。つまり、条坊の五条に相当する

四天王寺の北側に位置する五條宮。4車線道路の勝山通に面しているが、神社裏は閑静な住宅地になっている

地に境内があるというのだ。

たしかに神社は難波宮跡の南にあり、その前を五条通が通じていたかもしれない。現在の京都でいえば、京都御所から五条通まで約2・5キロ。これは難波宮跡から五條宮までの距離に匹敵する。しかし、それを証明するものは、今のところ見つかってはいないが。

●「台地」の痕跡を確かめる

そんな五條宮の所在地は天王寺区真法院町《しんぽういんちょう》だ。ご存じない方も多いかもしれないが、真法院町は大阪随一の高級住宅街なのだ。

住宅地の地価は関西で最高額。阪

天王寺七坂の1つである清水坂。坂の頂上を右に折れると清水寺の境内がある

神間の高級住宅地である芦屋よりも高い。住居者数は2023（令和5）年6月末時点で1514人、世帯数は713。交通アクセスもよい文教地区でもあり、近くにはオシャレなお店も多い。都会のど真ん中にありながらも、閑静な趣を見せている真法院町こそが、本物のセレブの街といえそうだ。

上町台地の西側は急斜面になっていて、天王寺七坂《ななさか》という坂道が通じている。そのなかの1つが清水坂で、名前は坂をのぼりきったところにある清水寺からつけられた。

清水寺は京都の清水寺から本尊を迎え入れ、「舞台」もある。京都のように木造ではなくコンクリート造りではあるが、ここから大阪の町を一望することができる。

天王寺界隈の標高は約19メートル。大阪城付近よりも10メートル以上も低くなっているものの、その高さを確かめる方法はある。

ＪＲ大阪環状線の内回りでは、天王寺駅の１つ手前は新今宮駅となる。新今宮駅の海抜は約３メートル、天王寺駅は約17メートル。その差はビルの５階相当である。新今宮駅を出た電車は、ほとんど勾配もなく天王寺駅に向かう。高架だった線路は路面となり、そのまま天王寺駅の真下に入っていく。駅舎ビルの足元に突っ込んでいくイメージだ。

また、天王寺駅と同じく上町台地に位置する大阪城公園駅は地上ホーム。しかし上町台地から離れた西側、大阪湾に近い大正駅や西九条駅のホームは、ビルの２階から３階相当の高さになる。同じ環状線の駅でも、これだけの差があるのだ。

唯一の陸地として、大阪の成り立ちを見守ってきた上町台地。都が築かれ、古社や古刹《こさつ》が造営され、豊臣秀吉は城下町と同時に大坂城の南の守りとして寺町をつくった。まさに大阪の歴史を刻み込んだエリアだといえる。

観光客も少なく、とくに天王寺七坂付近は静かな雰囲気に包まれているので、歴史の息吹を感じながら散策するのもおすすめの場所だ。

平野《ひらの》——壕をめぐらせた戦国時代の自治都市の名残を探索

●堺以外にもあった環濠都市

外部からの侵入を阻止するため、濠で囲まれた町を「環濠《かんごう》都市」という。大阪では中世の堺が有名だが、大阪市東部の平野も環濠都市であり、住民たちで町を運営した自治都市でもあった。

平野は難波京から奈良や京都に向かう交通の要所であり、中高野街道の起点にもなっている。平安時代初期には武人の坂上《さかのうえの》田村麻呂《たむらまろ》の次男、広野麻呂《ひろのまろ》の荘園があったことから、「広野」が転じて「平野」になったという。

平安時代には融通念仏宗《ゆうずうねんぶつしゅう》の総本山である大念佛寺が開基され、門前町が形成される。そして戦国時代になると、町の周りに二重の濠と土居（土塁）を巡らせた環濠都市となり、出入口には門と門番屋敷が設置された。

この濠に囲まれた地域を平野郷という。

平野郷は馬場町、泥堂町《でいどうちょう》、市町《いちまち》、野堂町《のどうちょう》、背戸口町《せとぐちちょう》、流町《ながれまち》、西脇町の7つに区分され、これらを総称して本郷七町という。各町は坂上氏の末裔《まつえい》とする地域の名家が自治をおこない、どの大名家にも支配されなかった。

しかし、やがて織田信長に屈服し、豊臣秀吉の時代になると町の有力商人は大坂城下に移住させられる。ふたたび平野が復興するのは、大坂の陣が終わった1615（元和《げんな》元）年のことである。

その環濠の痕跡が、今も平野には残されている。場所は杭全《くまた》神社の東側。平野川と神社境内の間に遊歩道が設けられていて、道沿いに濠があり跡地であることを示す石碑も建てられている。

平野郷の氏神である杭全神社は862（貞観《じょうがん》4）年の創建。坂上広野麻呂の子・当道《まさみち》が素盞嗚尊《すさのおのみこと》を祀る祇園社を創建したのが、現在の第一本殿だとする。

平野郷の入り口に設けられた門は13か所。門の脇には地蔵が祀られ、いくつかの地蔵堂が現存している。地蔵堂ではないが、モニュメントとして残されているのが西脇口の門跡だ。そして、モニュメントのある場所には、1980（昭和55）年まで駅があった。南海平野線の平野停留所である。

1914（大正3）年に開業した平野線は、大阪市西成区の今池停留所を起点とし、路線距離は5・9キロ。専用軌道ではなく併用軌道、すなわち路面電車で、現

杭全神社の境内に沿った東側に残されている平野郷環濠跡。サクラの名所でもある

左手前が杭全神社の第一本殿で、第二本殿を経て奥に鎮座するのが第三本殿

在の阪神高速松原線に沿う形で通じていた。

平野停留所（駅）の跡地は公園として整備され、当時の駅舎をイメージしたベンチやホームの骨組みを利用した藤棚、運行されていた電車のレリーフなどが設置されている。廃止後しばらくは駅舎も保存され、ホームには平野線で運行されたモ205型車両が留置されていたという。

平野停留所跡を出ると商店街となっていて、名前は平野南海商店街、通称「なんかいモール」。駅近の商店街として、かつてはにぎわいも見せたであろうが、今は閑散とした様子だ。

なんかいモールを歩くとアーケード通りと交差する。こちらは平野中央本通商店街、愛称は「サンアレイ」。

商店街の中を進むと、1929（昭和4）年に建てられたという小林新聞舗店舗兼住宅があり、新聞販売店は1889（明治22）年の創業だ。大阪市内最古の朝日新聞販売店であり、2007（平成19）年には国の有形文化財に登録されている。

ビルの前を離れると、今度は赤い提灯《ちょうちん》が印象的な朱色の門が発見できる。全興寺《せんこうじ》の北門だ。

全興寺は聖徳太子が薬師如来《やくしにょらい》像を安置したのがはじまりと伝えられる古刹《こさつ》で、大

旧南海平野線のホーム跡に設置されている平野郷町西脇口のモニュメント

平野線の軌道跡地に設けられた「平野駅跡プロムナード」の八角屋根ベンチとモ205形電車のレリーフ

坂夏の陣で一部を焼失するも1661（寛文元《かんぶん》）年には再建されたとする。

境内の中央に本堂があるのはもちろんのこと、その周辺にはバラエティに富んだ施設があり、有名なのは「地獄体験」ができるという地獄堂だ。

ほかにも、ステンドガラスの曼陀羅《まんだら》におおわれた地下空間「ほとけのくに」、こぢんまりとしたつくりの「小さな駄菓子屋さん博物館」などが設けられている。

全興寺には「平野の町づくりを考える会」の事務局があり、住民とともにさまざまな町おこし活動をおこなっている。その一環として、これらの施設がおかれていて、「大阪のおもろい寺」もしくは「寺のディズニーランド」と自称している。

●環濠の門を示す地蔵堂

平野郷の北に位置するのが杭全神社で本殿は三社あり、第一本殿は元禄時代、第二本殿と第三本殿は室町時代の建立で、いずれも国の重要文化財。神社の前は公園で、1925（大正14）年に平野郷町が大阪市に編入したことを記念する碑が建立されている。

記念碑から神社の境内に沿って歩くと環濠の跡だ。

杭全神社の東側にあるのが大念佛寺《だいねんぶつじ》で、本堂は大阪府下最大の木造建築物。寺の

大念佛寺山門の斜め北側に祀られている馬場口地蔵堂

山門に至る途中には、現存する門脇の地蔵堂の1つ「馬場口地蔵堂」がある。

現在、平野区の人口は、約18万6000人と大阪市の区でもっとも多い。マンションや戸建住宅の立ち並ぶ新興住宅地という印象も受ける。

しかし平野郷界隈は、古刹や古社もあり、歴史のある建物も少なくない。あちこちに小さな博物館も点在していて、住民に町並みや歴史文化を体感してもらう「平野町ぐるみ博物館」という運動もおこなわれている。歩いてみると、思っていた以上の魅力が感じられる街。それが平野郷だといえよう。

堺《さかい》——会合衆が自治をおこなった環濠都市の意外な名所の数々

●秀吉が埋め、家康が掘り起こした壕

大阪府下43市町村の中でも、堺市は特別な存在である。政令指定都市であり、大阪府で2番目の人口と面積を有するというだけではなく、歴史的に見ても堺は独特な軌跡を経ている。

大阪市が都市として成立したのは、豊臣秀吉が大坂城を建てて以降だ。それまでに「石山本願寺」（大坂本願寺）という浄土真宗の寺院があり、寺内町として発展したことはあったが都市というほどの規模ではない。

一方の堺は古くから港町として栄え、物資や人を大和にあった都に運ぶ入り口であった。室町時代には中国との貿易（日明貿易）の拠点となり、やがて琉球やスペインやポルトガルとの南蛮貿易も盛んとなる。

この室町時代から戦国時代にかけての繁栄を示した言葉が「東洋のベニス」。イタリアの貿易都市で自由都市だったベニス（ヴェネツィア）になぞらえられたのだ。

そんなに豊かな場所を、戦国大名たちが放っておくはずはない。しかし、戦乱や大名の支配から逃れるため、堺の町人は町を濠で囲み、「会合衆《えごうしゅう》」と呼ばれる組織を構築して自治都市となる。

しかし、さすがに織田信長や豊臣秀吉には逆らえず、自治機能が失われたばかりか、江戸時代初期には大坂の陣で焼け野原となってしまった。昭和になっても、堺は太平洋戦争の空襲で大きな被害を受ける。そのため、中世の遺跡は、ほとんど残されていない。とはいえ濠の痕跡は、今も見ることが可能だ。

南海本線堺駅をおり、駅前ロータリーを過ぎたところに流れるのが内川だ。堺の道路は基本的に碁盤目状で、中心部を通る東西の主要道路が大小路《おおしょうじ》筋《すじ》で、南北が大道筋《だいどうすじ》。駅前から真っすぐ大小路筋を東に進み、大道筋を越えてしばらくすると阪神高速の高架が見えてくる。

埋め立てられてしまったが、高架の下に濠があった。つまり、内川からここまでが、環濠都市の東西に当たる。高速道路に沿って南へ進むと、到着するのが土居川。この川も濠の跡なので、環濠都市堺の南端である。

もともと堺の壕は四方ではなく、南北と東に掘られていた。西側は直接大阪湾に面していたのだ。しかし、秀吉はすべての濠を埋めてしまい、大坂夏の陣の跡に徳

大小路筋と大道筋が交わる大小路交差点。大道筋には路面電車が走る

阪神高速の高架付近から東方向を見た大小路筋の様子。右側が和泉国、左側が摂津国になる

和泉国側に鎮座する開口神社。3世紀初頭の創建と伝えられ、通称は「大寺さん」

摂津国側に鎮座する菅原神社。創建は997（長徳3）年。境内には堺戎神社と日本最古の薬祖神社である堺薬祖神社も鎮座する

川幕府は再び掘り起こした。その濠に「土居」という堤防を築いたのが土居川という名の由来だ。つまり、土居川は堺を囲む濠の総称だったのだ。

だが、江戸時代初期の大和川の付け替えの影響で海岸に土砂がたまりやすくなり、改めて西側にも濠をつくる。それが現在の内川だ。なお、濠の北側も埋め立てられて、今は姿を消している。

そもそも「堺」という地名は、摂津国《せっつ》、河内国、和泉国《いずみ》の「境」だったことに由来する。そして江戸時代までは、摂津国と和泉国の境は大小路筋で区分されていた。それを如実に表すのが、大小路筋をはさむ2つの神社だ。

大小路筋を歩いて大小路交差点を越えると、右側に堺山之口《さかいやまのくち》商店街のアーケードが見えてくる。その下を進むと、鎮座しているのが開口《あぐち》神社。引き返して大小路筋を越えると菅原神社がある。つまり、大小路筋を中心として、ほぼ対称の位置に二社が祀られている。開口神社は堺南組、菅原神社は堺北組の産土《うぶすな》神とされる。国でいえば南側は和泉国、北組は摂津国に区分されるのである。

●ザビエル、千利休、与謝野晶子ゆかりの地

大道筋を北側に進めばザビエル公園があり、フランシスコ・ザビエルが堺を訪問

本願寺堺別院の本堂。1871（明治4）年から1881（明治14）年までの10年間、堺県庁が置かれた

したときもてなした豪商の屋敷跡だという。公園の広さから察するに、かなりの富豪だったのだろう。

その前には歌人与謝野晶子《よさのあきこ》の生家跡があり、さらに北へ進んでから阪《はん》堺《かい》電車の線路を渡ると、突然姿を見せるのが本願寺堺別院だ。

1825（文政8）年に再建された本堂や1752（宝暦2）年に建てられた山門のほかに、1798（寛政10）年の火災を免れた鐘楼《しょうろう》や江戸時代後期の太鼓楼など、200年以上前の建造物が多く残されている。また、明治時代初期に堺県が設けられたとき県庁がおかれていた。

ちなみに堺県の範囲は、和泉国と

河内国、そして大和国。現在の奈良県だ。そう、奈良県は堺県の一部でしかなかったのだ。この大阪府から独立していたという歴史からも、堺には大阪と違うという意識が根づいているのだろう。

そして堺といえば千利休だ。その屋敷跡があるのは環濠都市エリアの南側。フェニックス通りとも呼ばれる国道26号線を越え、阪神高速にいく途中を右に曲がったところに残されている。とはいえ、屋敷があるわけではなく、再現された門と塀、敷地内の井戸があるだけだ。

だが、屋敷跡の側に現代的な建物があり「さかい利晶《りしょう》の杜《もり》」という。千利休と与謝野晶子の生涯や人物像などを紹介し、堺の歴史・文化の魅力を発信する施設であり、資料の展示のほか本格的な茶の湯も体験できるという。

これらのほかに、空襲の被害から逃れた北旅籠町《きたはたごちょう》には江戸時代から残る鉄砲鍛冶《かじ》屋敷があり、徳川家康の墓があるという南宗寺《なんしゅうじ》は千利休が修行をした寺。１８６８（慶応４）年にフランス軍水兵が殺傷された堺事件で、土佐藩士が切腹をした妙国寺があり、水兵が上陸したのは幕末の天誅組《てんちゅうぐみ》が上陸した場所と同じである。

このように、堺には数多くの歴史的な名所もある。やはり堺は大阪で、いや全国的にも特別な場所なのだ。

玉造《たまつくり》——大坂冬の陣で真田幸村が奮戦した真田丸はどこにあった？

●大阪城を巡る攻防の顚末

「天下分け目の合戦」といえば、1600（慶長5）年に起きた関ヶ原の戦いだ。この戦いに勝利したことで徳川家康は天下を掌握し、3年後には江戸に幕府を開く。それでも徳川政権は盤石ではない。なぜなら、豊臣秀吉の遺児である秀頼《よでより》が存命だったからだ。

豊臣家が存続している以上、すべての大名が家康に従うわけではない。表向きは家康の臣下としてふるまっていても、いつ秀頼を担ぎ上げて反旗を翻《ひるがえ》すかもわからない。そこで家康は策を練り、豊臣家を滅ぼそうとする。大坂の陣のはじまりである。大坂の陣は、1614（慶長19）年の冬の陣と翌年の夏の陣に分かれる。

冬の陣では徳川方が優勢で、豊臣方は大坂城に籠城《ろうじょう》。しかし真田丸の戦いで、豊臣方が徳川軍を撃退する。その後、一進一退を繰り返すも両軍で和議が交わされて休戦。このとき、徳川方は大坂城を囲む堀の埋没を条件とした。

和睦《わぼく》の3か月後、浪人が大坂の風紀を乱し、さらに冬の陣で破損した塀や埋めた堀の復元がなされているとの理由で、家康は豊臣家の移封を要求。秀頼らに大坂を離れろと求めたのだ。

これを豊臣方が拒否すると、家康は兵を挙げ夏の陣の幕が切って落とされた。

豊臣方の兵力は約5万5000、対する徳川方は約16万5000。兵力だけをくらべると豊臣方に勝ち目はない。

しかし、真田幸村《さなだゆきむら》（信繁《のぶしげ》）、後藤基次《もとつぐ》（又兵衛）、明石全登《あかしてるずみ》、長宗我部盛親《ちょうそかべもりちか》、毛利勝永《もうりかつなが》の5人衆とそのほかの武将の奮戦で、冬の陣と同じように戦況は一進一退を繰り返す。天王寺口の戦いでは幸村が家康の本陣に突撃し、家康が切腹を覚悟するほどに追い詰めている。

だが、この戦いで幸村は敗死。態勢を立て直した徳川軍は大坂城に殺到した。もはやこれまで、悟った豊臣方は火を放って落城。秀頼と母親の淀殿は自害している。

これが、大坂の陣の顚末《てんまつ》だ。

●真田丸は大阪明星高校に位置したのか？

難攻不落といわれた大坂城だが、手薄になるのが空堀しかない南側。そこで冬の陣の際に幸村が築いたとされる出城《でじろ》が真田丸である。

その真田丸があったとされる場所が玉造だ。

真田丸の跡地は確定されていない。現在の大阪明星《めいせい》高校の敷地が真田丸だったとも考えられているが、南東にある真田山公園も候補地の1つ。明星高校から道を隔てたところにある心眼寺《しんがんじ》にも、「真田幸村出丸城跡」の石碑が置かれている。

玉造には真田丸跡以外にも幸村に関する場所があり三光《さんこう》神社も、その1つだ。社殿は小高い丘の上に設けられていて、境内には大坂城へ続くとされる抜け穴の跡がある。その穴が本当に大坂城まで続いているのかどうかは不明らしいが、穴の横に立てられた幸村像の表情が、いかめしくて印象的だ。

三光神社の裏には歴史的遺産ともいうべき場所がある。ただし、戦国時代とか江戸時代とかという古いものではない。旧真田山陸軍墓地である。

陸軍墓地とは、明治時代に当時の兵部省によって創設されたもので、この真田山のものがもっとも古いという。面積は約1万5000平方メートル、墓碑の数は5000基以上。日清、日露、第一次世界大戦や日中戦争、太平洋戦争といった対外戦争だけでなく、西郷隆盛が明治政府に反抗した西南戦争で没した将兵も葬られている。整然と並ぶ墓碑の様子は、隊列を組む兵の姿に似ていなくはない。ただ劣化

真田丸跡地の候補の1つである真田山公園

山門右に「真田幸村出丸城跡」の石碑が立つ心眼寺。境内には「従五位下真田左衛門佐豊臣信繁之墓」と刻まれた墓石も立つ

三光神社の境内にある大阪城へ通じるとされる抜け穴(左)と真田幸村の像

旧真田山陸軍墓地の墓石。現在は真田山陸軍墓地維持会が維持・管理をおこなっている

の激しいものが多く、訪れる人の姿もまばらだ。寂寥《せきりょう》の感は拭えない。

玉造を離れるが、真田幸村終焉《しゅうえん》の地なのが天王寺にある安居《やすい》神社だ。天王寺口の戦で家康を取り逃がし深手も負った幸村は、この神社の境内で休息をとった。しかし、その姿が敵の兵に発見され討ち取られてしまったのだ。神社の境内は、ビルの狭間《はざま》にありながら落ち着いた雰囲気だ。コンパクトともいえる境内には、身を休める格好の幸村像と終焉の地であることを示す石碑が設けられている。そのためか、三光神社の幸村像とくらべると穏やかな表情に見える。

大坂の陣の遺跡は、大坂冬の陣では徳川家康が夏の陣では真田幸村が本陣を構えた茶臼山《ちゃうすやま》が天王寺公園内にあり、平野区長原には幸村が立ち寄って戦勝を祈願したとされる志紀長吉《しきながよし》神社が鎮座する。大阪市外にも、道明寺《どうみょうじ》の戦い（柏原・藤井寺市）、樫井の戦い（泉佐野市）などの古戦場があり、大坂の陣が広範囲でおこなわれたことがわかる。

冬・夏あわせて2か月を要した大坂の陣により、徳川家は名実ともに全国を支配することになった。すなわち、天下泰平の江戸時代は、大阪からはじまったことにもなる。そのことを、大阪人は再認識してもいい。

岸和田《きしわだ》・高槻《たかつき》・大阪狭山《さやま》——小藩の城跡の数々から江戸期の大坂の立ち位置を読む

●大阪屈指のショッピングエリアにほど近い高槻城跡

江戸時代に存在していた関西の藩といえば、もっとも大きいのが紀州藩。徳川御三家の1つであり、8代将軍吉宗と14代将軍家茂《いえもち》は紀州藩の藩主だった。石高は55万5000石で紀州国（現和歌山県）のすべてを治めていた。

次に挙げられるのは近江《おうみ》国（現滋賀県）の彦根藩。石高30万石もしくは35万石の譜代大名筆頭家である。

そのほかでいえば淀藩の10万2000石、郡山《こおりやま》藩の15万1000石、姫路藩の15万石が大きな藩だ。淀藩は現在の京都府、郡山藩は奈良県、姫路藩は兵庫県。では、大坂にそれらに匹敵するほどの藩はなかったのか、といわれれば残念ながら存在しない。

大坂でもっとも大きかったのは、岸和田藩の5万3000石だ。その次が高槻藩3万6000石。この岸和田藩と高槻藩は、少なからず縁がある。それは、どちら

高槻城跡である高槻城公園。城郭らしきものはほとんど残されていない

も岡部氏が城主になったことがあるということだ。

岡部氏は、もともと今川氏の家臣である。今川義元が桶狭間《おけはざま》の戦で織田信長に敗れ、義元の跡を継いだ氏《うじ》真《ざね》も武田信玄の駿河侵攻で駿府《すんぷ》を追われた。だが、氏真は妻の実家である北条氏へ身を寄せる。行動を共にしたのが岡部元信《もとのぶ》である。

一説によると正綱《まさつな》は元信の兄弟で、正綱の子どもが長盛《ながもり》、その子どもが宣勝《のぶかつ》。宣勝は1636（寛永13）年に高槻藩主となり、その4年後に岸和田藩主となっている。

高槻城は、豊臣時代にキリシタン大名の高山右近《うこん》が城主だったことでも名が知られ、岡部宣勝のあとは松平康信《やすのぶ》が入城。その次の永井直清《なおきよ》から永井氏が代々城主を務め、13代直諒《なおまさ》のときに幕末を迎えている。

現在の城跡は公園になっていて、その高槻城公園にいくには阪急京都線の高槻市駅から徒歩約10分。ＪＲの高槻駅からも15分ほどで到着する。

つまり阪急京都線とＪＲ京都線は5分ほどしか離れておらず、両駅の間には松坂屋高槻店を中心に多くの店舗が並んでいる。そのにぎわいは、大阪市内中心部のショッピングエリアに匹敵するほどだ。

高槻市駅を南へ進み、国道１７１号線を越えると閑静な住宅街になる。高槻市立しろあと歴史館、高槻城公園芸術文化劇場、市立第一中学校を抜けて進むと公園が見えてくる。

公園の入り口付近には「高槻城跡」の石碑。公園は広々としているが、堀の一部は残されているものの天守はもちろん石垣すら残されていない。現在の城跡公園にある石垣は復元されたものだ。時代がかった建物はあれども、江戸時代に建てられた商家を移築復元したもので城とは関係ない。

残念ながら高槻城は、明治の廃城令で徹底的に廃絶されてしまったようだ。

岸和田城天守。千亀利公園として整備されていた城跡に模擬天守として建てられた

●北条氏の末裔が立てた狭山藩

片や、幕末まで岡部氏の居城だった岸和田城は、最寄り駅が南海本線岸和田駅ではなく蛸地蔵《たこじぞう》駅になる。大正時代に建てられたという、ステンドガラスのあるモダンな駅舎が特徴だ。

「蛸地蔵」という変わった駅名は、紀州街道沿いにある天性寺《てんしょうじ》という寺に由来する。

豊臣秀吉による紀州征伐で、岸和田城は紀州の根来《ねごろ》衆と雑賀《さいか》衆に攻め込まれ、落城寸前におちいった。そのとき、どこからともなく大ダコ（蛸）にのった法師と数千のタコが現れ、敵兵をなぎ倒す。紀州勢は敗走し、城の危機が救われた。

その数日後、城の堀から傷を無数に負った地蔵が発見されて城内に納められ、江戸時代に天性寺に移される。そのため、天性寺は蛸地蔵とも呼ばれるようになったのだ。

蛸地蔵駅は難波方向の上りと和歌山市方向の下りに駅舎が分かれていて、上りの改札を出て右折し、線路に沿って歩くと府立岸和田高校が建っている。その向かいが内堀に囲まれた天守だ。

この地に岸和田城が築かれたのは、16世紀の後半といわれている。なお岸和田高校の隣は、９月のだんじり祭りで岸和田22台中15台が宮入りする岸城《きしき》神社となっている。

今の大阪で、天守があるのは大阪城と岸和田城だけだ。しかし、どちらの天守も昭和に入ってからの復興もしくは模擬天守である。

岸和田城の天守は１８２７（文政10）年に落雷で焼失。その後、再建はされなかった。しかし、太平洋戦争後に再建計画が持ち上がり、１９５４（昭和29）年に完成している。

高槻・岸和田以外にも、大阪には城をもたない小さな藩がいくつかあった。中でも特徴的なのが狭山藩だ。

　戦国時代の大名として小田原城を本拠とし、一時は関東一円を支配した北条《ほうじょう》氏。早雲を始祖とし、4代目氏政《うじまさ》のときには武田氏が滅んで大大名となるが、1590（天正18）年に豊臣秀吉による小田原攻めで、戦国大名家としての北条氏は滅亡している。

　とはいえ、その子孫は存続し、現在の大阪狭山市に立藩したのが狭山藩である。小田原攻めのとき主戦派の氏政は切腹となるが、氏政から家督を譲られていた氏《うじ》直《なお》と親族は高野山《こうやさん》行きで赦《ゆる》された。そして氏直が病死すると叔父の氏規《うじのり》が跡を継ぎ、子の氏盛《うじもり》が関ヶ原の合戦で活躍。その功績が徳川家に認められ、1万1000石の大名となり狭山の藩主となったのだ。

藩主御殿跡に立つ狭山藩陣屋跡の石碑。陣屋跡は小さな公園になっている

　小藩のため城を構えることはできなかったものの、狭山陣屋を本

拠として幕末を迎えている。

陣屋があったとされる場所は、大阪狭山市にある狭山池の近く。南海高野線の大阪狭山市駅をおりて徒歩約10分の距離である。なお、高野線には大阪狭山市駅と狭山駅があるのでご注意いただきたい。

大阪府にあったほかの藩といえば、丹南《たんなん》藩（現松原市）、伯太《はかた》藩（現和泉市）、吉見藩（現田尻町）の3つだけ。いずれも城のもてない小大名で、吉見藩に至っては立藩が廃藩置県の前年の1870（明治3）年だ。大坂にも大坂藩（10万石）があり、家康の外孫で養子となっていた松平忠明《ただあきら》が城主となったが、1619（元和5）年に廃藩となっている。

大坂の地に大きな藩が置かれなかったのは、それだけ幕府が重要視していた証といえる。高槻藩は京都・大坂間、岸和田藩は大坂・紀州間の監視役を担っていたため存続したが、それ以外の土地は幕府が直接治めることを望んだのだ。

そんな江戸幕府の事情が、藩の規模や数からうかがえるのだ。

4章 華やかな近代都市化の紆余曲折を発見する！

中之島《なかのしま》――「天下の台所」と、その後の大阪の近代化の足跡をたどる

●蔵屋敷から近代建築へ

琵琶湖から京都を通って大阪に流入した淀川は、毛馬《けま》水門で南に分岐されて大川(天満川)となり、大川はさらに堂島川と土佐堀川に分流する。この堂島川と土佐堀川にはさまれた中州が中之島である。

現在の中之島は大阪の経済のみならず、行政・司法、そして文化の中心地だ。広告大手の博報堂や出版関連メディアのKADOKAWAも、中之島に関西オフィスを構えている。

中之島にこれらが集中している理由の1つは、豊臣時代から江戸時代にかけて蔵屋敷と呼ばれる各藩の建物がおかれたからだ。

蔵屋敷とは、全国から集められたコメや特産物を保管・販売するための倉庫兼屋敷のこと。ここで換金されたり、流通ルートに乗せられて各地へ売り出されたりした。その数は80とも120ともいわれていて、「天下の台所」を支えてきた。

中之島のシンボルでもある大阪市中央公会堂

大阪市役所と向かい合っている日本銀行大阪支店の旧館

そんな蔵屋敷だが、明治時代に入って幕藩体制が崩れると次々に廃絶されていく。蔵屋敷で換金や販売、また大名に金銭を貸し付けていた大阪商人も没落し、大阪経済は衰退の一途をたどる。

しかし、中之島の蔵屋敷跡の土地は自治体や民間に払い下げられて、行政や教育、金融、経済機関が建てられていったのである。

そんな中之島を代表する建物の1つが、大阪市中央公会堂だ。「北浜の風雲児」と呼ばれていた相場師・岩本栄之助の寄付によって建設されたもので、1918（大正7）年に完成。大阪市中央公会堂から堂島川の対岸に位置しているのが、大阪高等裁判所だ。

中央公会堂に隣接するのが、1904（明治37）年に開館し、その当時からの姿を残す大阪府立中之島図書館。図書館の向かいが大阪市役所で、御堂筋をはさんで向かい合っているのが1903年に建築された日本銀行大阪支店である。

淀屋橋《よどやばし》をわたって西側に位置するのが三井住友銀行大阪本店ビルで、1926（大正15）年に第一期、30（昭和5）年に第二期工事が完成。中之島に戻って堂島川沿いを歩けば、1925年に建てられた旧ビルの部材を再利用し、大部分を復元したダイビル本館に到着する。

三井住友銀行大阪本店ビル。旧称は住友ビルディング

2013(平成25)年に低層部のファサードが復元されたダイビル本館

このように、中之島は船場と肩を並べる大阪近代建築の宝庫といえる。ここにも「大大《だい》阪時代」の名残がある。

建築物ではないが、堂島川沿いの遊歩道には大阪大倉商業学校と大阪府師範学校跡の石碑があり、石碑の前にあるのが大阪大学中之島センターで、ここは大阪大学創設の地だ。

中之島には、大阪の近代化を推し進めた機関や施設が数多くおかれた。今も地下鉄四つ橋線肥後橋《ひごばし》駅近くには、大阪中之島美術館、国立国際美術館、大阪市立科学博物館が隣接して建てられていて、文化と教育の一翼を担っているのだ。

●今も地域に点在する蔵屋敷の痕跡

では、それ以前、蔵屋敷時代の痕跡は皆無なのかというと、そうではない。

京阪中之島線中之島駅の近くにリーガロイヤルホテルがあり、その前の植え込みには「蔵屋敷跡」の石碑が立てられている。さらにしばらくいった植え込みの中に鉄製のレリーフが飾られている。船へ荷物を下ろす様子が表現されていて、横の説明板には、「当地には讃岐《さぬき》高松藩蔵屋敷がありました」と記されている。さらに、中之島から土佐堀川を渡った土佐堀通沿いには、薩摩藩蔵屋敷跡の石碑と長州萩藩蔵

リーガロイヤルホテル前に設置された蔵屋敷跡のアイアンワーク

土佐堀通となにわ筋が交差する北東角にある長州萩藩蔵屋敷跡のモニュメント

屋敷跡のモニュメントが立てられている。薩摩藩や長州萩藩蔵屋敷から離れているが、肥後藩の蔵屋敷は先に記した高等裁判所の場所にあった。

このように大阪近代の痕跡を探していると、意外なものにも遭遇する。土佐堀通の土佐堀2交差点に面したマンションの前に、人物画像入りの説明版と石碑が立っていた。近くによって確認すると、「宮武外骨《みやたけがいこつ》ゆかりの地」と記されている。宮武外骨は明治時代に活躍したジャーナリストで、政治や行政をおもしろおかしく揶揄《やゆ》した「滑稽《こっけい》新聞」で名が知られている。80年代にはちょっとしたブームも起こっているので、サブカルに興味のある人なら一度は名を耳にしたことがあろう人物だ。

もともとは東京で活動していたが、のちに大阪へ移ったという。大阪の方が権力に歯向かうのに適していたのだろう。

一度は窮地に立たされた大阪経済ではあったが、蔵屋敷の跡地を活用して復活を遂げた。すなわち、江戸時代に蔵屋敷のおかげで大阪は潤い、明治になると蔵屋敷があったせいで一度は凋落《ちょうらく》したが、蔵屋敷の跡地利用で復興する。蔵屋敷の存在は、大阪の記憶になくてはならないものだった。中之島に立つと、時代の変遷がしみじみと感じられるのだ。

大正《たいしょう》——「東洋のマンチェスター」に沖縄文化が息づく事情

●大阪再建の起爆剤となった大阪紡績

明治時代に入って蔵屋敷の廃絶によって大阪商人は職を失い、そのうえ版籍奉還《はんせきほうかん》で政府が藩の債務を帳消しにすると、「大名貸し」といわれた借金が棒引きとなる。豪商の中には家をたたむものも現れ、大阪経済は一気に没落する。中之島のページで説明したとおりだ。そんな大阪の苦境を救ったのが五代友厚《ごだいともあつ》である。

五代は薩摩藩士時代にヨーロッパを視察し、武器、船舶、紡績機械などの買い入れに携わっている。明治維新後には官界に入り、外交官の職務を歴任後、大阪府権判事（臨時の知事）に就任し、大阪に関わることになる。

1869（明治2）年に退官すると、大阪経済の立て直しを図り、株式取引所（証券取引所）や商法会議所（商工会議所）、大阪商業講習所（現大阪公立大学）、大阪商船、阪堺《はんかい》鉄道（現南海電気鉄道）を設立。さらに国立第一銀行の頭取だった渋沢栄一の協力を得て、創業したのが大阪紡績会社だ。

三軒家公園の入り口付近に立てられている「近代紡績工業発祥の地」の石碑

大阪紡績を端緒として多くの工場が建てられ、大阪は日本の紡績業の中枢を担うようになる。紡績業だけでなく、その他の重工業も発展し、その様子を形容したのが「東洋のマンチェスター」。産業革命によって飛躍的な発展を遂げたイギリスの工業都市マンチェスターに、大阪はなぞらえられたのだ。

大阪紡績の跡地とされるのが、大正区の三軒家公園だ。大正区は大阪湾に面し、木津川と尻無《しりなし》川に囲まれた島。大阪港にも近く、両河川を使えば荷物の運搬も容易だし、水資源も得やすいのが創業地に選ばれた理由だ。

その三軒家公園には「近代紡績工業発祥の地」の石碑が立てられている。ただし、かつては、それこそ東洋のマンチェスターの名にふさわしい大工業地帯だったが、現在の公園周囲はマンションが立ち並ぶ住宅街となっている。

●沖縄料理店やシーサーが数多くある理由

この工場地帯に職を求めて移住してくる人は増え、中でも沖縄県民が多かった。第一次世界大戦が終わったころに大不況が襲い、地元を離れる人が増加したからだ。今も大正区民の4分の1は、沖縄をルーツにもつという。

そして、沖縄色が強いとされる町が平尾だ。

平尾本通商店街には、あちこちにシーサーや守礼門が描かれたのぼりや垂れ幕などが掲げられ、店のシャッターにもシーサーのキャラクターが描かれている。毎年8月には「Ｒｉｖｅｒ大正エイサー祭り」というイベントもおこなわれている。

平尾以外でもＪＲと大阪メトロの大正駅周辺には沖縄料理の店が多く、店によっては、三線の伴奏で沖縄舞踊を見せてくれるところもあるという。

また、大正区は島なので区外に出ようとすれば、地下鉄以外は橋を渡る必要がある。しかし木津川や尻無川には大型船も入港するので、簡単に架橋できない。そこで現在も利用されているのが渡船だ。

天保山《てんぽうざん》・ＵＳＪのページで説明したとおり、大阪には8つの渡船場があり、そのうち天保山渡船場を除く7か所は大正区にある。中でも西成区を結ぶ千本松渡船場は、巨大なループ橋を見上げることのできるビューポイントとなっている。橋の名

大正区に7か所ある渡船場の1つ千本松渡船場。大正区南恩加島から西成区南津守までの約230メートルを結ぶ

は千本松大橋といい、主橋梁《しゅきょうりょう》部の長さは323・5メートル。完成当時、橋の下を大型船が航行したことから33メートルという高さとなっている。ただ、短距離でこの高さまでのぼる必要があるため、橋の両端はループになっていて「メガネ橋」の異名もあるのだ。

自動車だけでなく徒歩や自転車での通行も可能だが、高いところが苦手な人にはおすすめできない。高いところは平気だが、自家用車以外でのぼってみたい、という人には、路線バスを利用するのがいいだろう。

また、かつて大正区には飛行場も開設されていた。木津川飛行場だ。

大阪飛行場とも呼ばれ、1929(昭和4)年に供用開始。当時は設置費用の安い水上機用の飛行場の整備が先行しておこなわれていたが、

千本松大橋のループ部分。カーブを描きながら33メートルの橋上までのぼる

郵便や貨物の需要の高まりを受け、逓信《ていしん》省（現在の総務省および国土交通省）航空局が木津川河口の湿地帯を選定して開港したのだ。

1938（昭和13）年には720メートルの滑走路を備え、年間発着回数8800回、年間旅客1万人を数える国内最大規模の航空拠点となった。しかし1939年に大阪第二飛行場（現大阪国際空港）の開港にともない閉鎖されている。

大阪における工業の近代化に寄与し、それにともなう沖縄の人々の移住とリトル沖縄の誕生。島ならではの渡船の多さや、目を見張ってしまう巨大な橋。大阪国際空港（伊丹空港）の先駆けとなった空港跡。尻無川の水辺には「タグボート大正」という新スポットもオープンしている。

このように見ていくと、大正は道頓堀やUSJのように目立ちはしないが、興味深くておもしろい町だということが、おわかりいただけたかと思う。

船場《せんば》——「大大阪《だい》時代」を今に伝える近代建築の宝庫

●昭和初頭前後の大発展を象徴する街

大阪の街のイメージといえば、「汚い」「ごちゃごちゃしている」「品がない」などとよくいわれる。しかし大阪にも落ち着いた雰囲気の、上品な印象のエリアはいくつかある。

その1つが「船場」で、ここには神戸の居留地に匹敵するほどの近代建築が数多く残されているのだ。

船場とは大阪屈指のビジネス街で、その範囲は、北は土佐堀川、南は長堀通（元長堀川）、東は東横堀川で、西は阪神高速1号環状線の高架（元西横堀川）に囲まれた地域を指す。

豊臣秀吉が大坂城を建造した際、まずは城郭の西に城下町を整備し、さらに西側の湿地帯を開拓して町域を広げた。これが現在の船場であり、町の名前は土佐堀川の船着き場だったことに由来する。

船場は商人の町として発展し、名実ともに大阪の中心地となる。そして船場を中心とする近代大阪がもっとも栄えたのが、1920年代から30年代にかけての「大大阪時代」だ。

1923（大正12）年、関東地方をマグニチュード7・9とされる地震が襲う。関東大震災である。

この地震によって東京は壊滅的な被害を受け、多くの人が地方へと避難した。文豪の谷崎潤一郎も、横浜を離れて関西に移住している。

一方、被害のなかった大阪は、そんな被災者を受け入れたこともあって人口が爆発的に増加。それまでにも「東洋のマンチェスター」と呼ばれるほど重工業が隆盛したことと市域を拡張したことも要因となり、東京市（現東京都23区）を上回る大都市へとのぼりつめたのだ。

船場に現存する近代建築は、そんな時代の名残だ。つまり、産業の発展にともなって生まれた富裕層が資金を投じ、大大阪の名に恥じないビルを数多く建築した。しかも太平洋戦争の空襲にも耐えたほど、堅固な造りとなっている。

今でこそ、大阪のメインストリートといえば御堂筋だが、1937（昭和12）年に拡幅工事が完成するまでは東に位置する堺筋のほうがにぎわっていた。堺筋は船場のど真ん中を南北に貫き、その下を大阪メトロ堺筋線が通っている。レトロな建物が、堺筋沿いに多い理由である。

●ビジネス街に残る歴史的名建築の数々

船場に残る近代建築ビルのいくつかを紹介していこう。

まず、大阪メトロ堺筋線もしくは京阪本線の北浜駅をおりて地上に出ると、目の前にあるのが「大阪取引所（旧大阪証券取引所）ビル」。１９３５（昭和10）年に建てられ、２００４（平成16）年に新ビルが建てられた際も円形のエントランスホールの外観のみ存続された。

正面に立つ銅像は大阪経済の復興に尽力した五代友厚《ごだいともあつ》だ。

堺筋を南に下って、道路に面している１９２２（大正11）年建築の「新井ビル」（旧報徳銀行大阪支店）と１９２７（昭和２）年の「高麗橋野村ビルディング」《こうらいばし》をながめる。さらに南にいくと、道修町《どしょうまち》交差点に到着。近代建築ではないが、西に進んだビルとビルの間に鎮座するのが少彦名《すくなひこな》神社である。

少彦名神社では毎年11月に神農祭という祭礼がおこなわれ、主祭神の少彦名命は薬や医療などの神様とされる。そして道修町は、薬の町でもある。

1912（明治45）年竣工の旧大阪教育生命保険本社ビル。設計は東京駅丸の内駅舎などを手がけた辰野金吾

壁一面に絡まるツタがインパクトのある青山ビル。竣工は1921（大正10）年。

船場ビルディング。玄関ホールはスロープ状で、建築当時、トラックや荷馬車を引き込むのに便利になっていた

江戸時代には幕府公認の薬種中《やくしゅなか》買仲間《がいなかま》が結成され、さらに日本中の薬を検査する和《わ》薬種《やくしゅ》改《あらため》会所《かいしょ》が設けられる。

全国の薬はいったん道修町に集められて、検査に合格したものだけが流通していったのだ。

堺筋に戻って少し北へ進み、少彦名神社の裏手には甲子園球場から株分けされたといわれるツタの絡まる「青山ビル」。となり合っているのが1923（大正12）年に建てられた「伏見ビル」だ。

南方向に歩いて淡路町通を西に曲がると、堂々とした外観の「船場ビルディング」がある。船場ビルディングは1925（大正14）年の建築で、外観はタイル張りだが内部は細長いパティオ風の吹き抜けとなっている。竣工直後は住宅も存在したという。

船場ビルディングから三休橋《さんきゅうばし》筋を南に向かう。道幅の狭い三休橋筋はガスの街灯が並び、夜にはノスタルジックな情景を楽しませてくれる。

綿業会館。大阪大空襲では各部屋の窓にワイヤー入り耐火ガラスを使用していたため、窓ガラス1枚とカーテン1枚に被害を受けただけだったという

そんな道路を散策すると、1931（昭和6）年に日本綿業倶楽部の施設として建設された「綿業会館」に到着する。

かつて大阪が日本一の大都市だった時代の名残を伝え、さらに100年も前の姿をそのまま残すモダン建築群。紙幅《しふく》の都合上、すべてを紹介することはできないが、辺りはビジネス街なので、週末や休日に訪れれば、道行く人の数もまばらで歩きやすい。

そんな船場は、ネガティブに語られがちな大阪の印象を、大きく変えてくれるのに役立つ町であるのは間違いないのだ。

千里《せんり》――大阪の「南高北低」傾向を逆転させた宅地開発の「その後」

●竹やぶから人口13万の都市に発展したが…

現在の大阪は「北高南低」だといわれる。それは人口だけでなく住宅環境やインフラ整備などを見ても、北摂といわれる府北部のほうが充実しているのは確かだ。

しかし時代をさかのぼると、大阪は「南高北低」だった。とくに南西部の泉州は、中世からの貿易都市である堺、岡部藩の城下町だった岸和田、願泉寺《がんせんじ》を中心とする寺内町が開かれた貝塚、木綿の集約所が設けられた泉大津、廻船業で富をなした豪商が誕生した泉佐野など、発展した町が多かった。

明治時代になっても、紡績工場の従業員や港湾従業員として遠く九州・沖縄からも人が集まり、物販業や飲食業、レジャー産業も活況を呈していたのだ。

そんな状況が逆転するのは、1960年代ごろからだ。高度経済成長期、大阪には仕事を求めて多くの人が移住し、住宅不足が問題となる。そこで大阪府は千里ニュータウンの開発を決定。入居がはじまったのは1962（昭和37）年だ。

千里中央駅付近から見た千里ニュータウン。高層マンションが立ち並んでいるのがわかる

ニュータウンから見た大阪モノレールの千里中央駅。そびえ立つタワーマンションが印象的

ニュータウンへのアクセス路線として、阪急千里山線（現千里線）も千里山駅から新千里山駅（現南千里駅）、のちに北千里駅まで延伸されている。

開発にさらなる拍車をかけたのが大阪万博だ。開催が決定すると、関連事業として交通網の整備が急ピッチで進み、新たな交通機関として北大阪急行電鉄が開通。名神高速道路と近畿自動車道を結ぶ吹田《すいた》インターチェンジも誕生する。竹やぶしかなかったといわれる千里丘陵は、新たな町として生まれ変わったのである。

そんな経緯で誕生した千里ニュータウンだが、昨今は住人の高齢化も著しく、空き室が目立つようになったという。1975（昭和50）年には人口が約13万人を突破するも、近年は10万人前後で推移している。

ただ、千里ニュータウンの玄関口である北大阪急行の千里中央駅をおりてみても、そんな感覚はもちえない。人通りは多いし、駅周辺のショッピングセンターもにぎわっている。シャッター通りとは無縁のような印象を受ける。

駅前には高級マンションが林立し、そのうえ自然も豊富に残され緑豊かな公園も多い。暮らしている人も、芦屋や西宮レベルの高級感をただよわせている。交通インフラも整えられていて、住環境に申し分はなさそうだ。

ただ、町の衰えが納得できそうな光景もなくはない。

大阪モノレールにも千里中央駅があり、北大阪急行から乗り換えるには「せんちゅうパル」という専門店街の2階広場を通り過ぎる。広場は北広場と南広場があり、南広場の横には閉鎖したビルがある。元アミューズメント施設の千里セルシーだ。千里セルシーは1972（昭和47）年に開館。セルシーホールでは読売テレビのサテライトスタジオで公開放送がおこなわれ、セルシー広場ではコンサートやイベントが開かれたほか、屋外プールなどもあった。

そんな千里セルシーも2019（令和元）年に閉館。現在立ち入ることはできないが、せんちゅうパルの南広場から、セルシー広場跡を見おろすことはできる。往年ににぎわいを知る人には、憐憫《れんびん》を誘う光景だ。

●乗り換えの利便性を高めたモノレール

千里ニュータウンの鉄道アクセスは、長く北大阪急行と阪急千里線が主要路線だった。しかし、この両方を直接つなぐルートはない。北大阪急行の千里中央駅から千里線の山田駅までは約2キロしか離れていないにもかかわらず、電車でいくとすれば、一度梅田駅まで出て阪急京都線に乗り、淡路駅で千里線に乗り換えなければならない。場合によっては1時間近くかかることもある。

閉館となった千里セルシーのセルシー広場

北大阪急行と阪急だけでなく、大阪の主な路線は都心から放射状に延び、互いに行き来することは難しい。この不便を解消するために、敷設されたのが大阪モノレールだ。

北摂地域を東西につなぐ大阪モノレールは、1990（平成2）年に開業。大阪空港駅から門真市《かどまし》駅までの本線（21・2キロ）と万博記念公園駅から彩《さい》都西《とにし》駅までの彩都線（6・8キロ）の2路線があり、2011（平成23）年まではモノレール路線として世界最長を誇っていた。路線の高さは15メートル以上になるところもあり、見晴らしは抜群。とくに彩都線は万博記念公園を周回するので、太陽の塔の正面から裏

大阪モノレールの車窓から見た太陽の塔

までながめることができる。

阪急の千里沿線も新しい戸建て住宅やマンションが多く、環境は整っている。関西大学が沿線にあるためか、若い人の姿も目立つ。とてもじゃないが、寂れた印象は受けない。それでも人口は減少傾向だという。

町は成長していくものだ。千里ニュータウンも誕生して60年以上。町としては若い部類に入り、まだまだ成長過程といえなくもない。この町で暮らしたい、この町で生涯を終えたいという人たちが育んでいく必要がある。行政によってお膳立てされた町が、住民たちの手でどのように育てられていくのか、今が正念場といえよう。

浜寺《はまでら》——白砂青松の名勝地から巨大コンビナートの名所へ変貌

●公営公園前に造成された工業地帯

日本初の公営公園であり、白砂青松《はくしゃせいしょう》の名勝地として人気を博していた浜寺公園。開園は1873（明治6）年で、大正時代から昭和初期にかけては、料亭が置かれるほどにぎわっていた。堺出身の歌人・与謝野晶子《よさのあきこ》が夫となる与謝野鉄幹《てっかん》と親しくなったのも、浜寺公園で開かれた歌会だとされる。

また、公園周辺は別荘地としてももてはやされる。海水浴場も開かれ、大阪のみならず関西一円から海水浴客が訪れるほどの人気ぶりだったという。

しかし、高度経済成長期の時代、砂浜は埋め立てられてしまって海水浴場は閉鎖。代わって造成されたのが堺泉北臨《さかいせんぼく》海工業地帯、通称「泉北コンビナート」だ。

泉北コンビナートは浜寺公園の西側、阪神高速湾岸線とその下を通る府道大阪臨海線の向こう側にある。埋め立て地なので、往時の様子はまったく残されていない。あるのは石油や化学、鉄鋼、金属といった工場などだ。

ただ、浜寺公園や近くにある漁港には、往時の名残が少しは見られるのだ。

浜寺公園は南北に長く、その距離は約2500メートル。東西は約430メートルで、敷地面積は約75ヘクタールだ。最寄り駅は南海本線浜寺公園駅だが、1つ南にある羽衣駅からも近い。なお、浜寺公園駅は普通電車しか停まらないが、羽衣駅は急行も停車する。

現在、浜寺公園駅では高架工事が進められ、駅舎は撤去・解体が予定されていた。しかし、1907（明治40）年に建てられた駅舎は私鉄最古とされ、国の有形文化財にも登録されている。地域住民の愛着が深いこともあって保存が決定し、新駅舎の前に移設され、今はギャラリーなどとして活用されている。

浜寺公園駅から歩いて浜寺公園に入ると、目に映るのは約5500本といわれる松林だ。料亭はなくなり砂浜も失われたが、にぎわいを見せた時代の「青松」は姿を残している。

そのまま元海岸方面へ進めばコンビナートとの間は内海となっていて、浜寺水路という。内海の浜寺公園側が、かつての海岸線だった。

そして、浜寺水路沿いには漁港があり、漁船が停泊している。浜寺公園の南側にある高石漁港である。海は遠くなってしまったものの、ここから出航して漁に出か

浜寺公園から見た堺泉北臨海工業地帯の様子。日没後の夜景も美しい

手前が浜寺水路、コンビナートの建物の前を通過しているのが阪神高速湾岸線の高架

けるのだ。

●砂浜の名残とコンビナートの幻想的夜景を楽しむ

そんな漁港のはずれに、驚きの場所があった。なんと砂浜が残されていたのだ。大阪湾沿岸は埋め立てが進められ、自然海岸は約1パーセントしか残されていないという。大阪府の自然海岸で有名なのは、岬町の長松海岸と小島海岸。ただし、どちらも砂浜ではなく、岩の多い磯浜だ。砂浜の海水浴場も、貝塚市や泉南市などにあるが自然海岸ではない。

高石漁港近くの砂浜は「高師浜の砂浜」と呼ばれ、規模は約50メートルしかない。こちらは完全な自然海岸ではないにしろ貴重な環境であることは代わりがなく、今後も長く保存されることが望まれる。

保存を希望するのは砂浜だけではない。浜寺公園駅のホームにはホーム待合室が設置されているが、レトロな雰囲気に満ちたつくりとなっている。木製の扉と柱、窓枠、腰板に囲まれ、ベンチも木製。夜になると灯されるやわらかな暖色の明かりがホームに浮かぶ姿は、ノスタルジー感に満ちている。

ただ、この待合室は2000（平成12）年ごろに設けられたもの。当時の職員が、

高石漁港の近くに残されている高師浜の砂浜

浜寺公園駅の下りホームにある待合室の内部。利用できる期間はあとわずか

駅舎の雰囲気を模して設計したらしい。当然、駅舎と違って文化財に登録もされていないはずなので、線路が高架になれば取り壊されるのだろう。

とても惜しい気もするが、高架工事完了予定の２０２８（令和10）年までに見納めになってしまう可能性は高い。

さて、浜寺公園や砂浜から泉北コンビナートに話を戻す。浜寺沿岸が整備されたのは１９６１（昭和36）年から72（昭和47）年のこと。これまで記した内容では、まるで悪者扱いに感じる人もいるだろう。しかし、阪神工業地帯の発展に寄与し、大阪経済を支えたのは紛れもない事実だ。

そして、新たな魅力も指摘されている。それは夜景である。

泉北コンビナートは大規模なプラントが集中していることから、夜になると煙突や配管に照明が灯される。ＳＦ映画さながらとの指摘もある、圧倒的で幻想的な光景を見ることができる。

浜寺の自然の風景は失われてしまったが、泉北コンビナートは人工的な絶景が楽しめるスポットでもあるのだ。

咲洲《さきしま》――頓挫した都市計画の傷跡と、飛躍が期待される大阪南港の人工島

●バブル崩壊に翻弄された3つの島

バブル景気が全盛期に差しかかる前、1988（昭和63）年に大阪市港湾局が中心となって策定されたのが、テクノポート大阪だ。これは大阪のベイエリアに3つの人工島を造営し、企業を誘致し住宅地を建設しようというものだった。その3つの島が、南港《なんこう》の咲洲と北港《ほっこう》の舞洲《まいしま》、夢洲《ゆめしま》だ。

しかし、間もなくしてバブルは弾け、島はできあがったものの、企業誘致や住宅地開発といった構想は破綻。テクノポート大阪自体も頓挫してしまい、今も手つかずの土地が多く残っている。

かつて、舞洲にはオリンピック開催の計画が浮上するものの、北京に負けて失敗する。

それでも現在の舞洲は、企業の物流拠点や下水処理場、清掃工場のほかに野球場や室内競技場も立地し、盛んに活用はされている。夢洲は2025（令和7）年に

大阪・関西万博の開催が予定され、そのあとには統合型リゾート施設（ＩＲ）の建設も取りざたされている。

残りの咲洲は、もっとも早く開発が進められた。地下鉄も通り、大阪メトロ南港ポートタウン線（ニュートラム）という無人運転の鉄道路線も通っている。団地も造成されていて、３つの島の中で人が暮らしているのは咲洲だけだ。

そんな咲洲にはコスモスクエアという地区があり、「にぎわい創出ゾーン」「ビジネス創造・情報発信ゾーン」「研究開発・教育・研修ゾーン」の３つに分けられ、先に３つのゾーンが交わる場所に建つのが、大阪府咲洲庁舎（さきしまコスモタワー）とアジア太平洋トレードセンター（大阪南港ＡＴＣ）である。

コスモタワーは１９９５（平成７）年の竣工。高さ２５６メートルの超高層ビルで、完成当初は大阪ワールドトレードセンタービル

大阪府咲洲庁舎、通称「さきしまコスモタワー」。タワーの前を通っているのがニュートラム

複合型大型モールとして生まれ変わったアジア太平洋トレードセンター

ディング（ＷＴＣ）といった。

なお、着工時は２５２メートルで工事を進めていたが、大阪府によって同時期に建設がはじまったりんくうゲートタワービル（現ＳｉＳりんくうタワー）が２５６メートルになることが判明すると、市はＷＴＣも同じ高さにしようとする。

しかし、完成してみるとりんくうゲートタワービルの高さは２５６・１メートル。わずか10センチの差でＷＴＣは高さ競争に負けてしまったというエピソードがある。

ＡＴＣはＷＴＣより１年早く完成。貿易のための施設として建てられ、当初は、国内外の卸売業者や貿易業者などの入居が期待されていた。

しかし、2003（平成15）年に経営破綻してしまう。WTCもオフィスの入居が進まず、運営会社が破綻して府が買い取り、2010（平成22）年に府の庁舎となったのだ。

「バブルの墓標」とも揶揄《やゆ》されたコスモタワーとATC。しかし、近年になって様子が変わる。

ATCにはイベントホールが設けられ、さまざまな催しが開かれるようになり、子ども向けのイベントのときは家族連れも多い。ビルの中にも多くの店舗が入居し、とくに飲食店が充実している。海に面したテラスもあり、観光客の姿も多く見られる。

コスモタワーは府の庁舎なので、行政の手続きなどで訪れる人は多い。また、テナントとしてホテルも入居。最上階の55階は有料の展望台になっていて、22時までの営業ということもあり、夜景をながめにくる人に人気だ。

コスモタワーとATCの最寄り駅は、ニュートラムのトレードセンター前。次の駅が大阪メトロ中央線と接続しているコスモスクエア駅だ。中央線はコスモスクエア駅から延伸されて夢洲に至り、万博会場の鉄道アクセスとなる。

●多額の維持費を要した「負の遺産」の博物館

そのコスモスクエア駅だが、かつて近くに博物館が存在した。しかも、閉館のあと放置されたままなのだ。それが、2000（平成12）年に開館し、わずか13年で閉館した、なにわ海の時空館である。

176億円の総工費をかけ、年間60万人の来場者を見込んだものの初年度の20万人が最高で、その後は赤字を垂れ流しつづける。赤字額は年間で2億円から3億円。閉館後も10年で7000万円の維持費を計上したという。

そんな、博物館の現状はどうなっているのか。

地下にあるコスモスクエア駅の構内から地上に出るとシーサイドプロムナードという海沿いの遊歩道がある。ここからは大阪港が見渡せ、天保山や阪神高速湾岸線の天保山大橋などが望める。人の姿も少なくて、のんびりとした時間を過ごすにはうってつけだ。

プロムナードを歩き、しばらくすると小さな運河がある。咲洲キャナル（運河）だ。全長は約1・3キロ、幅は最大で9メートル。地域の憩いの場として設けられたという。

ここからもうすこし歩くと見えてくるのが、なにわの海の時空館。施設の前にあ

海の上にぽっかり浮かんでいる、なにわの海の時空館の展示棟

廃墟に近い、なにわの海の時空館のエントランス棟

る古代船の「なみはや」は、市制100周年を記念して復元されたという。全長12メートル、幅1・92メートル、高さ3メートルの姿は、堂々としたものだ。しかし、屋根に覆われてはいるものの、ほぼ野ざらし。周囲には雑草も茂り、まるで朽ち果てるのを待っているかのような状態は、あわれみをさそう。

時空館はエントランス棟とドーム型の展示棟に分かれている。閉館しているのでエントランス棟は、ちょっとした廃墟ではある。

エントランス棟裏の会場に浮かんでいるのが展示棟だ。世界的な建築家であるポール・アンドリューの設計で、4208枚のガラスを使用。2002(平成14)年には、英国構造技術者協会から特別賞を授与されている。

その特徴あるフォルムは、圧倒されるようなダイナミックさと近未来的な雰囲気が感じられる。

なにわ海の時空館は、観光コンサルタント会社が体験型ミュージアムに再整備し、2025年中の開業を目指すという。果たして、再オープンで見事によみがえることはできるのか。「大阪市最後の負の遺産」ともいわれた汚名をそそぐことができるのか。興味深いところではある。

りんくうタウン

――バブルの負の遺産からレジャーエリアへと大変身

●世界屈指のビジネス街を目指したが…

1960年代から70年代にかけては公害が大きな社会問題となった時期で、豊中市や兵庫県伊丹市では騒音公害が問題視された。元凶は大阪国際空港（伊丹空港）だ。

付近住民は離発着する飛行機の騒音に悩まされ、生活や学校の授業に支障が出るほどだった。その問題を解決するために計画されたのが関西国際空港（関空）であり、空港の対岸に造成されたのがりんくうタウンだ。

関空は大阪湾の海上に建設され、りんくうタウンは湾岸を埋め

2棟建築の予定が1棟だけになってしまったSiSりんくうタワー（旧りんくうゲートタワービル）

立ててつくられた。範囲は泉佐野市、田尻町《たじりちょう》、泉南市《せんなんし》にまたがり、当初は最先端のインテリジェンスビルが立ち並び、世界屈指のビジネス街とする予定だった。

関空の開港は1994（平成6）年、りんくうタウンの「まちびらき」は1996（平成8）年。バブルはとっくに弾けている。そのために、50棟を超す超高層ビルや百貨店などの建設計画は次々と凍結となる。

シンボルであるゲートタワービル（現S・iSりんくうタワー）も「ゲート」という名前のとおり2棟が建築される予定だったが、1棟だけになってしまう。りんくうタウンは、6000億円という造成費用に見合わない負の遺産となってしまったのである。

しかし2000年代に入ると、りんくうタウンは生まれ変わりつつあった。まだアウトレットモールが珍しかった2000（平成12）年に、りんくうプレミアム・アウトレットがオープン。あこがれのブランド品が安価で購入できるとあって、大阪府下のみならず関西全域から買い物客が押し寄せた。

また、2003（平成15）年には事業用地の定期借地権方式が本格的に導入され、工場や大型店が相次いで出店しはじめたのだ。

その後、格安航空会社（LCC）が関空に乗り入れ、2010年ごろからは海外

SiSりんくうタワーから見渡したりんくうタウン。手前がりんくうプレジャータウン・シークルの観覧車。左側がりんくうアウトレットモール

からの観光客がアウトレットを訪れ爆買い。一時は閑散としていたりんくうタウンも、活況を呈することとなった。

そんなりんくうタウンへのアクセスは、電車であれば南海空港線かJR関西空港線を利用してりんくうタウン駅で下車する。なお、りんくうタウン駅は南海とJRの共同使用駅で、ホームも改札も同じ位置になる。

改札前はりんくうパピリオという商業施設だが、あまり活気があるとはいえない。りんくうタウン駅の北側にSiSりんくうタワーがそびえているも、こちらもビルの中は人の姿が少ない。

シークルの東口に設置された獅子の石像。大阪府の友好都市・上海市から寄贈されたもので、りんくうタウン駅前から移設された

しかし駅の南側にある複合商業施設、りんくうプレジャータウン・シークルにくると様相が一変する。シークルはりんくうタウン駅からアウトレットへ向かう途中にあり、往来する人で混雑している。シークルの中にも物販店や飲食店があり、高さ85メートルの大観覧車（りんくうの星）も設置されている。

●「無用の長物」の汚名を返上

りんくうタウン駅からは離れるが、泉南市には2020（令和2）年に泉南りんくう公園（SENNAN LONG PARK）がオープン。グランピングやアスレチックも楽し

1996(平成8)年竣工のビジネスビル、りんくうエルガビル

めるレクリエーションスポットが設けられ、関西最大級のレジャースポットとして注目を集めている。

当初の思惑からは大きく外れてしまったが、それでもりんくうタウンはレジャースポットとして復活した。ではビジネスユースとしてはどうか、というと、こちらも努力の跡がうかがえる。

SiSりんくうタワーのオフィスフロアは、ほとんどがテナントで埋まり、外資系企業の名前も見える。りんくうタワーと同じくオフィスビルとして建てられたりんくうエルガビルも、まずまずの入居率だ。

また、りんくうタウンにはクリニ

ックや病院が多い。これは2012（平成24）年に大阪府が策定した国際医療交流拠点構想にともなうもの。それ以前にも、1994（平成6）年に市立泉佐野病院が移転し、2011（平成23）年には地方独立行政法人のりんくう総合医療センターとして改組されている。

ショッピングにレジャー、ビジネスに医療と、幅広いジャンルでの活用がなされているりんくうタウン。一時は「無用の長物」「典型的な開発の失敗例」ともいわれたが、今後にますます期待がもてそうだ。

5章　交通の要地から大阪ならではの魅力を探る!

天《てん》満《ま》橋《ばし》・天満

――淀川水運の出入り口、熊野詣の出発点が新・人気スポットに！

●古代から発展した水運の拠点が復活！

トラックや鉄道が存在しなかった時代、多くの物や人を運ぶ手段は船しかなかった。大阪に「水の都」と呼ばれるほど運河が掘られたのは、そのためだ。

運河の水は、おもに淀川から引かれた。また、淀川は都のある京都と大阪をつなぐ主要水運路でもあった。

大坂の港に運び込まれた物資は、淀川をさかのぼって京都に運び込まれ、京都の貴族や庶民は淀川を下って大坂に着き、そこからあちこちへ旅立っていく。

熊野街道の起点。上町台地へのぼる急な坂道になっている

土佐堀通に面した「八軒家船着場の跡」の石碑。現在の大川からは100メートルほど離れている

そんな淀川水運の玄関口が、天満橋の八軒家浜《はちけんやはま》だ。

古代から、現在の天満橋付近には渡辺津《わたなべのつ》と呼ばれる港が設けられていた。平安時代中期になると、貴族や皇族の間で熊野詣がブームとなり、熊野街道が整備され、渡辺津は熊野街道の始点となる。熊野街道は上町台地を通り、遠く紀州（和歌山県）の熊野三山まで通じたのである。

時代は下って豊臣秀吉が伏見に城を築くと、大坂と伏見をつなぐ大量輸送手段として淀川は活用される。江戸時代に入ると通行手形を受けた過書船《かしょせん》が水運を担い、過書船の中で旅客専用だったのが三十石船だ。三十石船は「米を三十石（約4トン）のせることができる」という意味から名づけられ、最盛期には上りと下りを合わせて1日320便、およそ9000人が往来したといわれている。

八軒家浜は、三十石船に乗る客を泊める船宿が8軒並んでいたことが名前の由来

整備された八軒家浜船着場。船から乗降する際の安全確保を目的とした石灯籠も再建された

で、江戸時代から呼ばれるようになったという。江戸時代に栄えた淀川水運は、明治時代に入ると蒸気機関をそなえた外輪船が導入される。しかし鉄道が発達すると淀川水運は衰退。八軒家浜も、一度はその役目を終えた。

しかし2008（平成20）年、大阪市は「水都大阪再生の拠点」として、天満橋と天神橋間の大川左岸に八軒家浜船着場を開設。翌年には、観光船案内所、情報発信スペース、レストランからなる「川の駅はちけんや」がオープンし、船着き場からは水上バスや遊覧観光船、屋形船が発着している。

●大阪屈指の賑わいを見せる最新スポット

八軒家浜船着場の最寄り駅は、京阪本線と地下鉄谷町線の天満橋駅だ。どちらの駅ビルの地下にあり、地上はオフィスビルの建つビジネス街。ただ、JR大阪環状線には天満駅があり、こちらは今、大阪で大注目を浴びている繁華街であり歓楽街だ。天満駅の近くには入り組んだ路地があり、そこに新旧の居酒屋などが櫛比《しっぴ》している。驚くほど格安の店もあり、昼間から多くの人でにぎわっている。また、天満には、いまや大阪に2軒しかないストリップ劇場も営業しているが、京橋や十三《じゅうそう》のような風俗街はない。

天満から西にいくと天神橋筋商店街。「日本一長いアーケード商店街」ともいわれ、天満駅界隈の影響を受けてなのか、飲食店の数が増えている。そして、天神橋2丁目に鎮座するのが大阪天満宮、愛称は「天満の天神さん」である。

天満は、江戸時代に町人地である大坂三郷（北組・南組・天満組）の1つに数えられるほどにぎわった場所だった。それは天満宮への参拝客のほかに、八軒家浜を利用する船客たちも天満の地を訪れたからにほかならない。

歴史がありながらも、新しいスポットとしても人気の高い天満橋、天満、そして天神橋筋。しばらくは目が離せそうにない。

河《かわ》内《ち》長《なが》野《の》——いにしえの高野山詣の旅を追体験できる街

●4つの街道が集まる宿場町

和歌山県の高野山《こうやさん》は世界遺産にも登録されていて、平安時代の藤原氏のように、いにしえの時代より参拝する人は多かった。そんな高野山へ至る街道が高野街道だ。高野街道は東高野街道、西高野街道、中高野街道、下高野街道の4つのルートに分かれており、もっとも長いのは東高野街道。山城国八幡《やわた》（現京都府八幡市）を起点とし、石清水八幡《いわしみずはちまん》から洞ヶ峠《ほらがとうげ》を通って河内国（現大阪府）へと入り、四条畷《しじょうなわて》へと向かう。そこから枚岡《ひらおか》、八尾、富田林《とんだばやし》などを通過し中街道と西街道に合流する。

歴史的にも東高野街道がもっとも古いとされ、高野山詣が一般的になる以前に整備された官営の古道だとする説もある。そして、室町時代末期以降に高野山参りが一般化すると、民衆や武士の参詣道として定着したという。

西高野街道は堺の大小路《おおしょうじ》橋を起点とし、中高野街道は平野、下高野街道は天王寺から延びる。これらの街道すべてが1つにまとまるのが、大阪府南東部の河内長野

河内長野駅前に設置された高野街道の石碑。「この付近、東と西の高野街道合流地点」と刻まれている

市である。

まず、下高野街道と中高野街道は大阪狭山市で1本になり、河内長野市で西高野街道と合流。西高野街道は河内長野駅前の商店街の入り口で東高野街道と合流し、紀《き》見峠《みとうげ》を越えて紀伊国（和歌山県）に入る。そして橋本と紀の川を通過して、慈《じ》尊院《そんいん》から高野山を結ぶ表参道を通ると高野山大門へと到達するのだ。

4本の街道をたどってきた人が1か所に集中するのだから河内長野市、当時の長野は宿場町としてもてはやされ、それは江戸時代が終わってからも変わらない。今も当時の様子を伝える古民家などが点在し、河内長野市三日市町には、高野街道沿いに「三日市宿」という宿場がもうけられた。

三日市宿の中でも油屋は、大名や旗本が宿泊する本陣として使われる。高野山だけでなく観心寺《かんしんじ》や金剛寺《こんごうじ》という名刹《めいさつ》に参詣する人も多く、三日市宿は大いににぎわったと伝わる。現在でも江戸時代に建てられた八木家住宅などが残っており、当時の様子をうかがうことができる。

明治時代になり、高野鉄道と河南鉄道という2つの鉄道会社の駅が開業したのも、江戸時代の活況が衰えなかったからだ。

●ひっそりとした街には地酒に温泉も

高野鉄道は現在の南海高野線、河南《かなん》鉄道は近鉄長野線で、両方の河内長野駅は駅舎を共用。改札は別になっているが、乗り換えには便利だ。

河内長野市は市域の7割が山林であり、伐採した木材を活用した「つまようじ」や「すだれ」づくりが盛んで、とくにつまようじは国内生産量の95パーセントを占めた。また、大阪都心まで約40分と多少離れているが、それでも1950年代ごろから山を切り崩した宅地開発が進められる。

そのため、かつての宿場町周辺から郊外へ町の中心は移り、市役所などの官庁も

天野酒酒蔵付近の酒蔵通り。西條合資会社旧店舗主屋は国の登録文化財

新興住宅の中を通る国道170号線（大阪外環状線）沿いに移転。ロードサイド型の飲食店や小売店、スーパーマーケットも集中している。

郊外の発展にともなってか河内長野駅前は商店街も寂しく、ショッピングセンターも人の姿はまばらだ。

ただ、合流したあとの高野街道沿いには酒蔵通りというエリアがあり、古い建物が並んでいる。通りの名の由来は、1718（享保《きょうほう》3）年創業の酒造会社西條合資会社から。こちらで醸造される「天野酒《あまのさけ》」は、ちょっと甘口なのが特徴だ。

通りは1年を通して夜になるとライトアップされ、情緒ある雰囲気を醸しだしている。

また、河内長野は温泉の町でもあった。かつては河内長野駅から徒歩約10分の石川沿いに長野温泉街があり、最盛期には7軒の温泉宿が営業。現在は1軒のみだが、今も当時の様子をうかがい知ることはできる。

長野温泉のほかにも三日市には錦渓《きんけい》温泉があったものの1975（昭和50）年に廃業。そのほかにも滝乃郷温泉、菊水温泉、汐ノ宮《しおのみや》温泉、天見《あまみ》温泉などが存在していたが、営業しているのは天見温泉の1軒だけで、汐ノ宮温泉は民間会社の研修センターとなり、あとはすべて廃業となっている。

郊外型ベッドタウンとしての河内長野も、近年は過渡期を終え人口も減少傾向にあり、厳しい状況といえなくもない。ただ、自然が豊富で歴史に培われた町だからこそ、まだまだ繁栄の痕跡を探すことはできそうだ。それは、地元の人も気づいていない場所かもしれない。

自分の足で、自分の気に入ったスポットを探す。「奥河内」河内長野には、そんな醍醐味《だいごみ》があるのだ。

枚方《ひらかた》・守口《もりぐち》――秀吉の築堤事業の名残と淀川に育まれた宿場町を探る

●太閤堤の1つ「文禄堤」の今は?

かつての淀川は、すぐに氾濫する暴れ川でもあった。流れが比較的緩やかなため排水に時間がかかり、大雨が降るとすぐに水かさが増えてしまうからだ。そのために、時の為政者は治水に力を注ぎ、もっとも古いのは仁徳天皇による茨田堤《まんだのつつみ》だとされている。

茨田堤が築かれたのは、現在の守口市や門真《かどま》市、寝屋川《ねやがわ》市などに該当するエリア。門真市の堤根《つつみね》神社は、堤を築いた茨田氏が祖先神を祀ったことをはじまりだとし、本殿裏にある盛り土が茨田堤の跡とする。

ただ、境内には堤に関する説明板が設置され、石碑も建立されてはいるものの、発掘調査で断定するには至っていない。

時代は下り、安土桃山時代に豊臣秀吉が淀川治水のために築いたのが太閤堤《たいこうつつみ》だ。1594(文禄《ぶんろく》3)年、秀吉は京都の宇治川を分離するために堤防を造営し、同じ年に淀川の改修を命じて現在の枚方市から大阪市北区長柄《ながら》までの堤防工事にも着手する。

これらの堤防の総称が太閤堤であり、とくに大阪の堤防を文禄堤と呼ぶ。

文禄堤の土手の一部は京街道（大坂街道）となり、宿場町が開かれたのが枚方と守口だ。頻繁に洪水を起こす淀川ではあるが、京都と大坂を結ぶ重要な交通水路である。多くの船がゆきかい、その当時の様子を今に伝える施設や史跡が、とくに枚方市には多く残されている。

まず、京阪本線枚方市駅の中央改札口から通路を通って外へ出ると、枚方宿《しゅく》のモニュメントや石碑、案内板が立てられている。ここが京街道（大坂街道）の途中地点である。

淀川のことを詳しく知りたいのであれば、淀川資料館がおすすめだ。国土交通省の近畿地方整備局が管理運営する施設で、淀川の歴史や文化、自然などに関する資料が展示されている。しかも無料。

資料館の裏手が枚方地区の淀川河川公園。かなりの広さがあり、河川敷から公園を南西へ進み、土手をのぼって坂を下ると、そこが京街道となる。

すなわち、枚方宿の京街道は堤の上ではなく、淀川のすぐそばを通っていたのだ。

淀川河川公園にある船着場。イベント時には淀川クルージングもおこなわれている

1997(平成9)年まで営業していた料亭・料理旅館の建物を利用した市立枚方宿鍵屋資料館

淀川舟運・枚方宿（問屋浜）跡の説明パネル

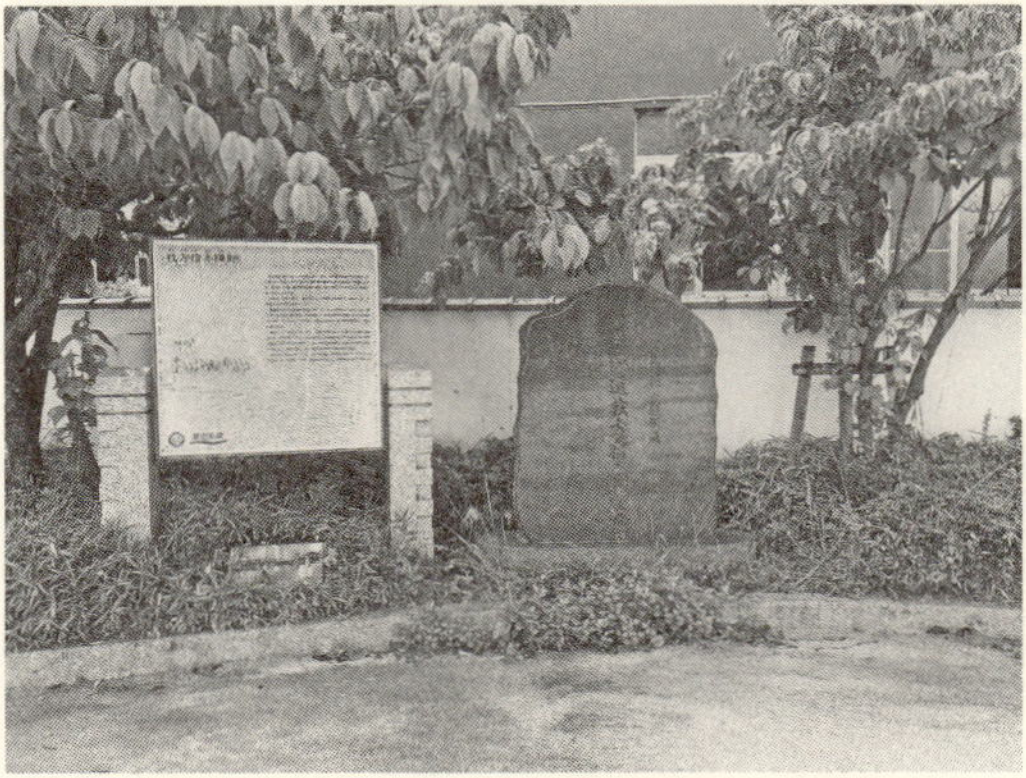

旧京街道（大坂街道）沿いの公園の隅に立つ枚方宿本陣跡の説明板と「東海道枚方宿本陣跡」と刻まれた石碑

街道沿いにあるのが市立枚方宿《ひらかたじゅく》鍵屋《かぎや》資料館。鍵屋は４００年以上も前の創業とされる宿屋で、幕末頃には三十石船の船待ち宿としてもにぎわったという。鍵屋資料館から街道を北東に少し歩くと、堤防沿いに淀川舟運・枚方浜（問屋浜）跡の説明板があり、この辺りには、淀川を上下する船を監視する船番所があったという。

道なりに進めば、公園として整備されている枚方宿の本陣跡だ。

このように、枚方では文禄堤の名残を見つけることはできなかった。では、どこにいけば発見できるかというと、守口市にはかなりの痕跡が残されている。

●東海道は「五十七次」だった?!

枚方市駅から淀屋橋方面へ10個目の駅が守口市駅。駅をおり、北西方向をながめると本町橋という陸橋がある。高さは３メートル以上あるだろうか。この橋の上が京街道だという。

実際にのぼってみると、橋の両端からは若干下りになっているものの、街道とされる道沿いには家屋が立ち並び、古い民家も残されている。この場所こそが秀吉の文禄堤跡である。

京阪本線守口市駅の西側に位置する本町橋

文禄堤の上を通る京街道（大坂街道）沿いの古民家

文禄堤へ至る階段。のぼりきると堤の高さが実感できる

堤跡からは急な坂道や階段があり、淀川の氾濫をおさえるためには、それだけの高さが必要だったことが実感できた。

守口の京街道筋には、明治天皇が大阪行幸《ぎょうこう》で1泊した難宗《なんしゅう》寺《じ》、大塩平八郎ゆかりの書院跡、船宿である丁字《ちょうじ》屋《や》跡などが数多く残されているのも守口の特徴だ。

そんな枚方宿と守口宿は、実は東海道の56番目と57番目の宿場とする説もある。東海道は江戸の日本橋から京都の三条大橋までで、その間にある宿場は53とされている。「東海道五十三次」だ。

しかし、京街道は淀川に沿って京

都と大坂を結ぶ街道であり、京都で東海道とも接続している。江戸と各地を結ぶ5つの街道（五街道）を整備した徳川家康は京街道も管轄下に置き、宿場町を設置する。それが京都の伏見宿と淀宿、大坂の枚方宿と守口宿。これにより京街道も東海道の一部として東海道五十七次とするのだ。

枚方宿は現在の枚方市堤町とその周辺にあたり、天正《てんしょう》年間（1573～91年）に宿場町の基礎が形成される。東見附から西見附までの13町17間（約1・5キロ）に広がる宿場町には、69軒の旅籠《はたご》や茶屋などが軒を連ねていたという。

一方の守口宿が江戸幕府による宿場指定を受けたのは1616（元和2）年。南北約1キロ、東西約19メートルというコンパクトな宿場町には27軒の旅籠があったのだ。

守口では、豊臣秀吉が築いた文禄堤の規模は、かなりスケールが大きかったことが実感できる。そして、洪水に悩まされながらも、淀川から受ける恩恵で2つの町は育まれたともいえる。

何気ない風景が広がる町であっても、知識を得て丹念に歩いて現場を見れば、思わぬ発見があるものだ。枚方と守口は、そんなことも教えてくれる町だ。

汐見橋《しおみばし》・木津川《きづがわ》・西天下茶屋《にしてんがちゃや》——都心なのに「秘境駅」もある魅惑の下町ローカル線

●今は支線となった汐見橋線の歴史

南海本線と南海高野線が接続する岸里玉出《きしのさとたまで》駅は、支線との乗換駅でもある。その支線の名は汐見橋線。ただし、正式には汐見橋線という路線は存在せず、あくまでも通称だ。なぜなら、汐見橋線の汐見橋駅は高野線の起点だからだ。

汐見橋駅は1900（明治33年）年に開業。当時は道頓堀駅と呼ばれ、現在の駅名になったのは翌年のことだ。当時は高野線の前身である高野鉄道のターミナルだったのだ。

高野鉄道は1915（大正4）年に大阪高野鉄道と改称し、22年には南海電鉄と合併する。それでも大阪市内から高野山へ向かう入り口は、汐見橋駅であり続けた。かなり年配の人はいまでも「和歌山へは難波から、高野山へは汐見橋から」といい、難波始発がほとんどになった時代でも、汐見橋から高野線への直通する列車はわずかながらも残されていた。

しかし1985（昭和60）年の立体交差工事により、高野線への線路が分断。汐見橋線は完全に支線あつかいとなってしまったのである。

そんな汐見橋線は、西成区から浪速区という大阪の下町を走っている。駅の数は岸里玉出、西天下茶屋、津守《つもり》、木津川、芦原町《あしはらちょう》、汐見橋6つで、路線距離は4・6キロ。列車は2両1編成のワンマンで、30分に1本ピストン運行するだけだ。

その中で、特徴のある3つの駅を取り上げてみたい。

●廃線も検討された路線の趣ある駅

まず1つ目は西天下茶屋駅である。開業は1915（天正4）年。駅舎は昭和初期の建造といわれ、設計者などの詳細は不明だが、プチモダンな近代建築でありながら下町情緒の残る周囲の風景にマッチ。高い駅舎の天井には、かつてシャンデリアが吊り下げられていたような跡が残る。

駅周辺の西天下茶屋は、戦災にほとんど遭わなかったためか、むかしながらの古い町並みが残っており、物静かで落ち着いた下町情緒を感じられる地区でもある。駅の南側にある西天商店街は、90年代にNHK朝の連続ドラマ「ふたりっ子」のロケ地にもなったこともあり、記念碑がスーパーの前に立てられている。

昭和初期の面影を残す西天下茶屋駅

「都会の秘境駅」の名にふさわしい外観の木津川駅

２つ目は木津川駅。この木津川駅、１日の乗降人数が平均で１６４人（２０２２年度）と大阪市内の駅では最少で、しかも駅前にはトタン壁の工場と雑草が茂った荒れ地が広がっているだけだ。商店はおろか飲料の自動販売機もなく「大都会の秘境駅」という異名がある。

開業は１９００（明治33）年で、現在の駅舎は１９４０（昭和15）年に建てられたもの。満足に手入れもされていないのか、壁にはヒビが入り鉄の部分はサビだらけ。駅の東側には民家が並んでいるため、その地域の住民がおもな利用客だと考えられる。

ただ木津川駅が寂《さび》れたのは70年代ごろからの話であり、かつては貨物駅兼用として大いににぎわっていた。とくに大正区に貯木場《ちょぼくじょう》のあったころは、和歌山県で伐採された材木が運び込まれ、積み下ろしの駅として重要な役割を担っていた。現在も当時の名残として、貨物側線が施設されたままだ。

最後は汐見橋駅。かつては高野線のターミナルだったというだけあって、改札前のスペースは広くアーチ状の梁《はり》がある天井も高い。

現在の駅舎は１９５６（昭和31）年に改築。内装はレトロモダンな趣で、正面上部の観光案内図は２０１６（平成28）年に撤去された昭和30年代当時の「南海沿線

壁面アートが描かれて新しい装いとなった汐見橋駅の外観

ノスタルジックな雰囲気がただよう汐見橋駅の改札口

観光案内図」をモチーフにしたものだ。

駅舎外観には2020年に、「1900年代頃の賑わいあふれる汐見橋駅」というテーマの壁面アートが描かれている。

すぐとなりには阪神なんば線の桜川駅があり、汐見橋駅だけをたずねるのであれば、こちらを利用したほうが便利ではある。

この汐見橋駅、昭和の終わりから平成のはじめにかけて脚光を浴びたことがある。現在進行中である、なにわ筋線の整備計画によるものだ。

大阪駅からJR難波駅および新今宮駅をつなぎ、新大阪駅から関西空港駅まで直通も可能になる路線として計画されているのがなにわ筋線だ。

当初はJRと南海線を汐見橋駅で接続させる予定だったが、接続計画は中止となり、一時は汐見橋線の存続も危ぶまれることになる。「今のところ廃止の計画はない」と南海側はコメントしているが、将来的にはどうなるかわからない。

「都会の中のローカル線」にのって今回紹介した3駅を訪ねる機会は、そう多くないのかもしれない。

帝塚山《てづかやま》――高級住宅街の真っ只中を新旧の路面電車が走る不思議

●閑静な街を時速30キロで走行

関西には3つの併用軌道路線すなわち路面電車があり、1つは京都市の京福《けいふく》電鉄（嵐電）嵐山本線、もう1つは滋賀県大津市の京阪電鉄京津《けいしん》線と石山坂本《いしやまさか》線、残りの1つが大阪市と堺市の阪堺《はんかい》電気軌道（阪堺電車）上町《うえまち》線と阪堺線だ。

阪堺電車の上町線は1897（明治30）年に設立された大阪馬車鉄道を前身とする。社名どおり車両をウマで引いて鉄道を走らせる会社だったが、やがて電化工事を進めて社名も浪速電車軌道に変更。その後、1909（明治42）年に南海電鉄と合併する。一方の阪堺線の前身は1910年設立の旧阪堺電気軌道だ。こちらも1915（大正4）年に南海と合併。1980（昭和55）年には南海から独立し、同社の子会社として再設立されている。

上町線は天王寺駅前停留所から住吉停留所まで、阪堺線は恵美須町《えびすちょう》停留所から浜寺駅前停留所までとなっているが、現在は両路線の区別が明確ではなく、浜寺駅前

浜寺駅前停留所の手前で停車中のモ161形162号電車。モ161形は161、162、164、166の4両が現役で在籍（161は待機）している

もしくは天王寺駅前から車庫のある我孫子道《あびこみち》まで、または天王寺駅前から浜寺駅前までの直通運行が多く、恵美須町からは我孫子道までとなっている。

　併用軌道と新設軌道（専用軌道）は地域によって分かれ、堺市の中心部は併用軌道ながら、道路と区分されているため自動車は線路内に立ち入ることができない。ただし、電車は交差点で交通信号に従うことになる。

　併用軌道路線で特徴的なのが、上町線の帝塚山エリアだ。時速30キロに速度を落とした電車がコトコト走る、のんびりとした姿が観察でき、界隈は交通量が比較的少ない閑静な雰囲気がただよっている。

それもそのはず、帝塚山は大阪屈指の高級住宅地でもあるのだ。

天王寺駅前を出た路面電車は、併用軌道で阿倍野を経てから専用軌道となる。そこから東天下茶屋まで専用軌道で、次の北畠《きたばたけ》に到着する手前約200メートルで、ふたたび併用軌道に。この北畠から帝塚山四丁目付近までが帝塚山。停留所名（駅名）でいえば、北畠、姫松、帝塚山三丁目、帝塚山四丁目だ。

●歴史上の超有名人ゆかりの意外な名所

北畠という駅名は、近くに祀られている伝北畠顕家《あきいえ》墓に由来する。顕家は南北朝時代に『神皇正統記《じんのうしょうとうき》』を記した親房《ちかふさ》の長男で、公家でありながら武人でもあった。南北朝の内乱では数多くの軍功を挙げるも、石津の戦いで敗れて討ち取られる。享年わずか21だった。

墓所は現在、北畠公園として整備され、墓碑が建立されている。なお、堺市内を流れる石津川には太陽橋という橋が架けられていて、橋のたもとには顕家の供養塔がある。阪堺線の石津駅から徒歩約1分の位置なので、立ち寄ってみたいポイントの1つだ。

北畠停留所から徒歩約8分に位置する北畠公園内にある伝北畠顕家墓。墓碑は1723(享保8)年に建てられた

高級住宅街帝塚山の中心ともいえるのが万代池公園だ。場所は帝塚山三丁目から徒歩約3分。公園中央には周径約700メートルの池があり、春には池の水面が舞い散ったサクラの花びらでピンク色に染められる。

聖徳太子が曼陀羅《まんだら》経を唱え、池の中の魔物を退治した伝承から「まんだら」が転じて「万代」の名がついたといわれている。

なお、万代の読みは「まんだい」と「ばんだい」の2つがあり、地元でも両方が使われている。

役所の資料やウエブサイトでも両方が使用され、住吉区のホームページには「万代池の読み方について」というページで、「当区における表記は、『まんだいいけ』を採用しておりますが、地名に準じ『ばんだいいけ』と読ま

周囲約700メートルの万代池。池には噴水が設置され、大正から昭和初期には東側に「共楽園」という遊園地もあった

れる場合もございます」と説明。公園のある住吉区万代の読みは「ばんだい」である。

阪堺電車上町線は、帝塚山四丁目から専用軌道となり、その後、神ノ木《かみのき》を経て住吉まで併用軌道。阪堺線に乗り入れ、住吉鳥居前を越えて住吉大社の境内前を過ぎれば専用軌道となる。

上町線は、その名のとおり上町台地を通っていることもあって史跡が多い。

たとえば、東天下茶屋駅から徒歩約3分のところには、阿倍王子《あべおうじ》神社が鎮座。王子とは熊野へ参拝する皇族・貴族の守護祈願された街道沿いの神社のこと。阿倍王子神社は大阪府に現地で現存する、唯一の王子社だ。

また、阿倍王子神社から約50メートル離れたところには陰陽師《おんみょうじ》安倍晴明《あべのせいめい》の生家跡とさ

安倍晴明神社は阿倍王子神社の末社。創建は1007(寛弘4)年

浜寺公園前停留所に停車中の堺トラム1001形1002号電車。
堺トラムは1001、1002、1003の3種がある

れる安倍晴明神社がある。

住吉駅の近く、住吉鳥居前駅の真正面が住吉大社だ。全国に2300社あるとされる住吉神社の総本社で、正月の3が日には約200万人の参拝客が足を運ぶ。「住吉造」の本殿4棟は国宝に指定されている。

阪堺電車は沿線の名所だけでなく、運行されている車両も特別だ。モ161形電車は1928（昭和3）年に運用が開始され、いまだ現役。定期運用される電車としては日本最古である。クラシックな車両があると思えば、2020（令和2）年にデビューした1101形や2013（平成25）年に運行がはじまった堺トラムと呼ばれる1001形といった新型車両もある。どちらも乗り降りのしやすい超低床型のバリアフリー構造で、3車体連接固定編成。近未来的なデザインで、1001形は2017年度グッドデザイン賞を受賞している。

「チンチン電車」の愛称もある阪堺電車。並走する南海やJRにくらべれば目的地への到着に時間はかかる。が、1日乗車券（デジタル式680円、スクラッチ式700円、小児半額）を使えば、乗り降り自由で各名所をたずねることができる。

のんびりとした時間を過ごしつつ、大阪市南部と堺市中心部の観光を楽しむのには、うってつけなのだ。

箕面《みのお》——開業ほやほやの新駅から歴史ある阪急箕面へ歩くと発見が…

●新しい街並みから昭和の街へのグラデーション

数年ぶりに大阪を訪れ、地下鉄御堂筋線を利用した人は、ちょっとした違和感を覚えるかもしれない。それは、駅のアナウンスや行き先表示が千里中央駅ではなく、箕面萱野《かやの》駅という、聞きなれない、見なれない駅名が伝えられることだ。

箕面萱野駅は、2024（令和6）年に北大阪急行が延伸してできた。北大阪急行には地下鉄が乗り入れているので、御堂筋《みどうすじ》線の最長ルートはなかもず駅から箕面萱野駅までということになる。

箕面萱野駅は、開業したばかりとあってきれいな装いだ。ただ、千里中央から箕面船場阪大前《せんばはんだい》を経て箕面萱野へ至る電車にのっていると、少し不思議な感じがする。箕面船場阪大前は地下駅なのだが、箕面萱野は高架駅だ。しかも地上に出るときは、地下からいきなり空中へ放り出されるような感覚となる。

これには、延伸ルートは激しい地形の変化が関係しているらしい。

みのおキューズモールに直結している箕面萱野駅の北口改札口

千里中央駅の北側は標高100メートルを超える丘陵地となっていて、地下鉄は緩い勾配をのぼって箕面船場阪大前駅に到達する。しかし駅のある船場の町を越えると、地形は千里川水系の谷間へ一気に下がっていき、わずか1キロ弱で数十メートルもの高低差となる。線路は丘陵地の斜面を突き抜けて地下から高架へ飛び出し、谷間を越えて北摂《ほくせつ》山地のふもとにぶち当たる。そこに位置するのが箕面萱野駅なのだ。

箕面萱野駅の北口は、2003（平成15）年オープンのショッピングセンター、みのおキューズモールと2階で直結されている。南口周辺は、まだ開発の途中といった状態だ。

北大阪急行が延伸されるまで、箕面市には阪急箕面線しか通っていなかった。町の中心は阪急の箕面駅周辺だ。

ただ、大阪府箕面市南部の土地区画整理事業により、東南部が開発されていく。マンションや人口も増加したことから、延伸と新駅の開設が決定したようだ。

阪急箕面駅は箕面萱野駅から約2・4キロの距離にある。新旧の町の違いを確かめるべく歩いていくと、いくつかの地蔵と庚申塚《こうしんづか》が祀られた池があり、しばらく進むと西坊島芝線コミュティィ道路と表示された案内板が設置されている。

それによると、むかしは6尺（約1・8メートル）の細い道で、傾斜もきついが馬車で木材などを運んでいた生活道路だったという。1975（昭和50）年には道幅8メートルに改良され、1995（平成7）年から97年度にはコニュニティ道路として生まれ変わったという。

道沿いには「すぐみのを」「すぐ京道」と刻まれた道標が建てられていて、歴史の古さを物語っている。

新しく整備された町だけあって、界隈には新築らしきマンションや戸建て住宅が多い。だが、しばらく進んでいくと、昭和の雰囲気を残すアパートや平成の時代に建てられたであろう住宅が散見される。それは箕面駅に近づくにつれて数が増え、

北大阪急行箕面萱野駅から阪急箕面駅に
行く途中に、いくつか立てられている道標

上の写真の道標には「すぐみのを」、下の写真は「すぐ京道」と刻まれている

歴史あるお屋敷も見えてくる。箕面の歴史が、如実に把握できるのだ。
30分も歩くと箕面駅に到着。箕面萱野駅とは打って変わって、年季の入っていそうな店が多く、庶民的な雰囲気がただよっている。

●近未来的な箕面船場阪大前駅

もともと箕面駅は、紅葉で有名な箕面滝を訪れる観光客の輸送を目的として開業。現在も近くに箕面滝道の入り口があり、ベッドタウンの玄関口というよりも、郊外観光地の駅といった趣だ。

阪急箕面線は池田市の石橋阪大前《いしばしはんだいまえ》駅と箕面駅までしかつながっていないので、大阪梅田駅に出るには乗り換えなければならない。鉄道のアクセスがいいとはいえず、北大阪急行の延伸は箕面市民の悲願だっただろう。

箕面萱野駅と同時に開業した箕面船場阪大前駅は、ホームが地下3階にあり改札は地下1階。近未来的な意匠を凝らしたつくりであり、改札前は吹き抜けになっていて、広々とした空間設定が印象的だ。

改札前の長いエスカレーターは、地上1階ではなく2階の出入り口につながっている。出入り口も複数の膜屋根が重なる斬新なデザインで、駅前のオシャレな広場

箕面船場阪大前駅の駅前広場。改札にいくには大階段をのぼった2階から地下1階におりる必要がある

の大階段から地上におりる。

駅のある船場地区は高度経済成長期における大阪中心部の過密化解消のため、繊維団地としてつくられた商業地だ。大阪船場の繊維卸商の問屋街から、流通施設などが移転したため新船場とも呼ばれた。

北大阪急行の延伸と新駅の開設は、1964（昭和39）年に繊維団地組合が設立したときからの要望だった。したがって箕面船場は、まったく新しいエリアでもないのだ。

その証拠に、駅のすぐ側には少し古ぼけた1階と2階がテナントで、そこから上がマンションというビルがある。2階に入居するスナックはオープン40年と銘打っていたので、このビルは少なくとも40年以上前に建てられているのだ。

箕面萱野駅の南口同様、箕面船場阪大前駅の周辺も開発が続けられ、作業中のクレーンの姿が見られた。街並みは、さらに変わっていくのだろう。そのとき、40年の歴史をもつ老舗スナックはどうなるのか。気になるところだ。

＊　＊

大阪のあちこちをたずねてみて思ったのは、「歩き足りない」「書き足りない」ということだ。まだまだ紹介したいところもあるし、本書でピックアップした町でも、異なったテーマで取り上げたいという思いが残る。章立てのテーマにしても、もっと違った捉え方ができるはず。その点は、今後の課題としたい。

大阪府下の市町村は43。人口約280万の大都市もあれば、約5000人の村もある。それらすべてを回ってみたい。体力と脚力がつづけばの話だが。

本書きっかけにして大阪に興味をもっていただき、さらにはご自身の住む地域にも目を向けていただければ、著者として望外の幸せである。

◉左記の文献等を参考にさせていただきました――

『地図とデータでみる　都道府県と市町村の成り立ち』齊藤忠光（平凡社）／『大阪まち物語』なにわ物語研究会編、『世界遺産　百舌鳥・古市古墳群をあるく』久世仁士（以上、創元社）／『大阪府の鉄道　昭和～平成の全路線』野沢敬次（アルファベータブックス）／『大阪の教科書』田中美穂編、『古地図や写真で楽しむ　大阪歴史トラベル』勇上香織編（以上、ＪＴＢパブリッシング）／『すごいぞ！関西ローカル鉄道物語』田中輝美（１４０Ｂ）／『歩いて旅する東海道五十三次＋京街道四次の宿場＆街道歩きを楽しむ』ウエストパブリッシング（山と溪谷社）／『ニュータウンの社会史』金子淳（青弓社）／『江戸５００藩』河合敦（朝日新聞出版）／『戦況図解　古代争乱』山岸良二（三栄）／『東アジアに開かれた古代王宮・難波宮』積山洋著（新泉社）／『ブラタモリ10』ＮＨＫ「ブラタモリ」制作班編（ＫＡＤＯＫＡＷＡ）／『大阪のトリセツ』昭文社旅行ガイドブック編集部、『大阪のトリセツ　なにわおもしろ学』昭文社出版編集部編（以上、昭文社）／大阪府ＨＰ／大阪市ＨＰ／堺市ＨＰ／高槻市ＨＰ／枚方市ＨＰ／岸和田市ＨＰ／河内長野市観光協会ＨＰ／国土交通省淀川河川事務所ＨＰ／十三トミータウン公式サイト／日本橋筋商店街振興組合オフィシャルサイト

KAWADE
夢文庫

大阪人も驚く
大阪
超マニアック案内

二〇二四年九月三〇日　初版発行
二〇二五年七月三〇日　2刷発行

著者…………歯黒猛夫
企画・編集……夢の設計社
〒162-0041東京都新宿区早稲田鶴巻町五四三
☎〇三―三二六七―七八五一（編集）
発行者………小野寺優
発行所………河出書房新社
〒162-8544東京都新宿区東五軒町二―一三
☎〇三―三四〇四―一二〇一（営業）
https://www.kawade.co.jp/
装幀…………こやまたかこ
印刷・製本……中央精版印刷株式会社
DTP…………アルファヴィル
Printed in Japan ISBN978-4-309-48607-9

本書についてのお問い合わせは、夢の設計社までお願いいたします。